教師のための「なりたい教師」になれる本！

TPチャートでクラスも授業改善もうまくいく！

編著
栗田佳代子　吉田塁　大野智久

学陽書房

まえがき

「自分はどんな教師になりたいのか？」

教師を目指した頃、あるいは教師になったばかりの頃はそれぞれ夢や理想を抱いていたことと思います。

しかし、とにかく日々の業務が忙しかったり、生徒との関係の理想と現実のギャップに苦しんだりする中で、「目の前の問題に向き合うことで精一杯」になってしまったりするものです。

また、なんとなく現場に存在する「暗黙の了解」のようなものがしみついてしまい、ともすれば「とにかく教師の指示に従う生徒」をつくる方向に向かってしまうこともあるかもしれません。

当初の自分の夢や理想と、いまの自分の教育活動のズレは、もしかすると日常の中であまりにも「あたり前」になっていて、普段の生活の中で自然には気付きにくいものになっているかもしれません。

なんだかうまくいかないな、ちょっと混乱しているかも。そんなふうに感じたときに、うまく整理できる方法があります。

A3の紙1枚に、自分のやっている仕事や実践をふせんを使って書き出してみる、という方法です。

やってみると、すっきりと自分の考えが整理され、本当にやるべきことがはっきりして、余計なことをしなくて済むようになります。

まわりのたくさんのアドバイスに振り回されるということもなくなります。

本書は、その方法をまとめた本です。

A3の紙1枚にまとめていく、と書きましたが、使うのはＴＰチャー

ト（ティーチング・ポートフォリオ・チャート）というワークシートです（本書6頁と131頁にそのシートが提示されています）。

　このTPチャートは、教師が自分の行っている教育実践を振り返り、自分の教育理念を明確化できるツールです。

　TPチャートは作成はとても簡単なのに、自分の思考がスッキリと整理され、授業改善やクラス運営の改善を大きく進めることができる画期的なツールです。そのため、全国の学校、自治体で使われ始めています。

　TPチャート作成の過程では、自分の行っている教育実践について、なぜその方法を選んでいるかという「理由」を自分自身に問うことになります。それは、これまでの自分の教育活動を原点に戻って再考することにつながります。

　「自分はどんな教師になりたいのか？」
　「その教師にどうすればなれるのか？」

　TPチャートを活用すると、多くの場合、これらの問いに対する答えがはっきりと見つかります。

　TPチャートを作ることで、自分の目指している教育や、やるべき実践が明確になり、自分の教育活動に誇りを持てます。本書はそのことを目指して、作られたものです。

　読んでくださった方の気持ちが前向きになり、「なりたい教師」になれることを願っています。

2018年1月
編著者一同

こんなことに悩んでませんか？

1 授業やクラス運営をすごく改善したいのに、
うまくいかない！
周りにいろいろ言われて混乱する。

2 クラスがうまくまとまらない。
子どもに言うことが伝わらない。
よいやり方を見つけたい。

3 いい実践をいろいろ取り入れているけれど、
どんどんプライベートの時間がなくなる。
忙しすぎてたいへんだ！

ＴＰチャートを作るとこんなに変わります！

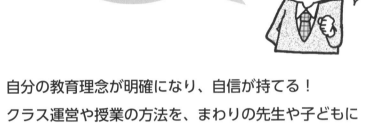

1　自分の教育理念が明確になり、自信が持てる！
　　クラス運営や授業の方法を、まわりの先生や子どもに
　　自信を持って伝え、実行できるようになる！

2　クラスを運営する方針がはっきりして、
　　子どもたちの様子が安定する！

3　自分がやりたい実践が何かはっきりするので、
　　やることがシンプルになり、効果も上がって
　　時間も生まれる！

**なにより、自分の教育理念が明確になり、
自分がやるべきことが見えてくる！**

TPチャートってどんなもの？

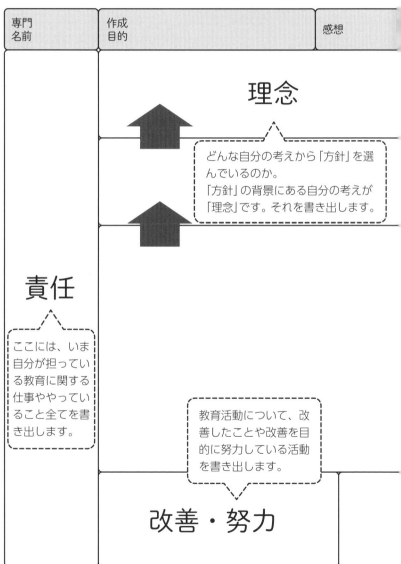

A3サイズのこのようなワークシートに、自分の教育活動を振り返って考えたことを、ふせんに書いて貼り付けて作成するものです。自分のやっていること、考えが全てくっきり見えてくるので、思考がスッキリ整理できます！

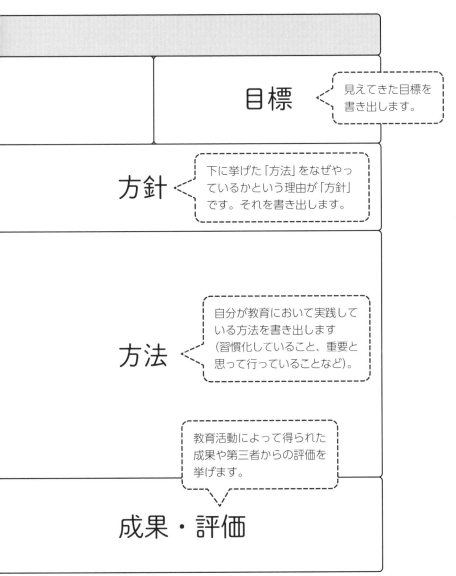

目標 ← 見えてきた目標を書き出します。

方針 ← 下に挙げた「方法」をなぜやっているかという理由が「方針」です。それを書き出します。

方法 ← 自分が教育において実践している方法を書き出します（習慣化していること、重要と思って行っていることなど）。

成果・評価 ← 教育活動によって得られた成果や第三者からの評価を挙げます。

©2016 Kayoko Kurita

実際にできあがったTPチャートの例

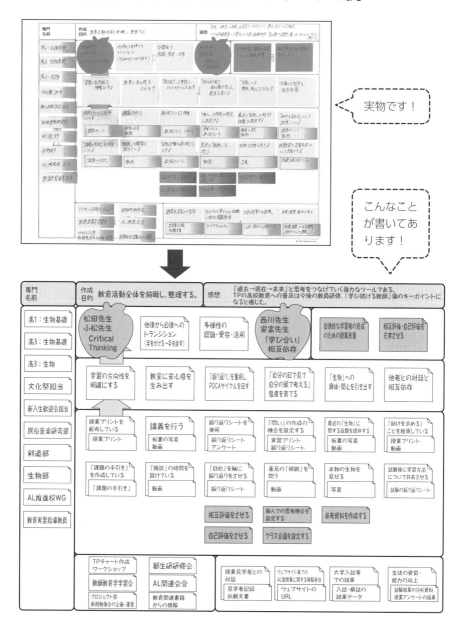

ＴＰチャート作成に取り組んだ先生たちの感想

● 自分の授業実践を俯瞰でき、かつ、自信につながる！ 振り返りの重要性を実感した！

● まるでダマされたかのように（失礼）見事に自分の教育実践が整理できた。自分がさまざまな実践をしていることも確認できたが、それが一定の方針に基づいていることも同時に再確認できた。

● 意識していなかった考えや思いが言葉となって、はっきりと形になったことに感動しました！

● これからの教育に大きなインパクトがあると思います。
自分がこだわっていた部分、今回目的と思っていたことが作成してみたら、もっともっとおおきな抽象的なことを大切に生きていたのだとわかり、驚くとともに自分が普段迷いながら取り組んでいる内容に自信が持てました。

● 高校においては、大学受験が大きく変わり、指導内容も変えねばならないターニングポイント。作成する必要性・必然性を感じた。

● 小学校でも普及するとよいと思う。個人的にこのチャート1枚で5年はがんばれそうです！

● 日々の業務の中では自分の課題も明確化できないまま、ただもやもやとしていたが、ＴＰチャート作成によって何が不足していたのか明らかになった。

ＴＰチャートの作り方はカンタン！
やってみたい先生は本書の内容へ GO ！

教師のための「なりたい教師」になれる本！

Contents

まえがき ……………………………………………………… 2

ＴＰチャートってどんなもの？ ……………………………… 6

本書の使い方 …………………………………………………… 14

第1章
1枚のシートによる振り返りで
授業がクラスがこんなに変わる！

ＴＰチャートはすごい！ ……………………………………… 16

「自分らしい」授業ができるようになった！ ……………… 18

「生徒が学びの主人公」の授業が見えてきた！ …………… 20

ＴＰチャートで「矛盾」を可視化し授業改善できた！ …… 22

「このチャート1枚で5年はがんばれる！」と実感！ ……… 24

コラム ＴＰチャート作成ワークショップに参加した
先生たちの感想 ………………………………………… 26

第2章
自分のＴＰチャートを
作ってみよう！

ＴＰチャートを知ろう！ …………………………………… 30

ＴＰチャートを作る準備をしよう！ ……………………… 32

10

完成したＴＰチャートはこんな感じです！ …………… 34
ＴＰチャートを作る流れを知ろう！ ……………… 36
基本情報、作成の目的、教育の活動を書き出してみよう！
…………………………………………………………… 38
改善・努力を書き出してみよう！ ………………… 40
成果・評価を書き出してみよう！ ………………… 42
方法を書き出してみよう！ ………………………… 44
方針を書き出してみよう！ ………………………… 46
理念を書き出してみよう！ ………………………… 48
理念・方針・方法が対応づいているか確認しよう！ … 50
エビデンス（根拠）を書き出してみよう！ ……… 54
目標を書き出してみよう！ ………………………… 56
ＴＰチャート作成の感想を書き出してみよう！ … 58
コラム ＴＰチャートの誕生の背景 ………………… 60

第3章 作ったＴＰチャートを見直してみよう！

作ったＴＰチャートを見直す ……………………… 62
理念のチェック①
その理念は本当に理念ですか？ …………………… 64

理念のチェック②
その理念は方針に対応づけられますか？ ……………………… 66

理念のチェック③
理念同士の関係を説明できますか？ …………………………… 68

理念と方針のチェック①
その方針で理念を実現できますか？ …………………………… 70

理念と方針のチェック②
その方針は理念とどう関係していますか？ ………………… 72

コラム **理念と方針の見直しのポイント** ………………… 74

第4章
ＴＰチャートで授業が
生徒がこんなに変わった！

ＴＰチャート作成で「なりたい自分」が見えてきた！
……………………………………………………………………… 76

ＴＰチャート作成で授業設計が変わった！ ………… 84

ＴＰチャート作成によって、自分の目指していることが
はっきりした！ 92

コラム **ティーチング・ポートフォリオとは？** ……………… 101

12

第5章 ＴＰチャートを使うと研修・勉強会もこんなに変わる！

研修・勉強会にＴＰチャートを活用する ……………………… 104
研修・勉強会の構成 …………………………………………… 106
第1部　ＴＰチャートを作成する …………………………… 108
第2部　ＴＰチャートを見直す ……………………………… 112
第3部　ＴＰチャートを授業改善につなげる ……………… 116
コラム　学習指導要領とＴＰチャート ……………………… 120

第6章 こんなことに困ったら？ＴＰチャートQ＆A

ＴＰチャートについて ………………………………………… 124
ＴＰチャートの作り方について ……………………………… 127
ワークショップの実施・運営について ……………………… 129

ＴＰチャート …………………………………………………… 131
参考情報 ………………………………………………………… 132
あとがきにかえて ～ＴＰチャートがこれからの教育を変える～ … 134

本書の使い方

　本書を手にとっていただきありがとうございます。本書は教育に日々向き合う小学校・中学校・高等学校の先生や、これから教師になろうとする学生の方々に向けて執筆しました。日々の教育実践において感じる悩みや課題がご自身の振り返りを通じて整理・解決に向かったり、自分らしい教師としてのあり方をご自身で見出すために、ＴＰチャートが役立つことを知っていただければと思っています。

　本書は全6章で構成されています。まず、本の冒頭では、ＴＰチャートの概要や作成された方々の短いコメントなどをまじえ、ＴＰチャートがどういうものかについて簡単に紹介します。第1章では、実際にＴＰチャートを作成した4名の先生方の作成前の問題意識、作成時の感想などをダイジェストとして紹介します。第2章では、ＴＰチャートを作成するための方法を段階的に解説しています。第3章では、できあがったＴＰチャートを改善し、活動についての振り返りをより深めるための5つのポイントを示しています。第4章では、第1章で紹介された先生方のＴＰチャート作成前後の意識や取組みの変化を詳しく紹介します。第5章では、ＴＰチャート作成の研修について説明しています。最後の第6章は、ＴＰチャートに関するQ&A です。

　本書はどこからでも読み始められますが、目的に応じて次のような読み方をおすすめします。「ＴＰチャートについてまず知りたい」という方は本の冒頭や第1章から読まれるとよいでしょう。作成の効果の具体例をより詳しく知りたい方は、第4章をご覧ください。「ＴＰチャートを作成してみたい！」という方は、第2章から読んでＴＰチャートを作成し、続けて第3章に進みＴＰチャートの改善をしましょう。「校内でＴＰチャートの作成研修を企画したい」という方は第5章をご覧ください。具体的に研修の方法について説明しています。本書は、研修のテキストとしても用いることができます。

第1章

1枚のシートによる
振り返りで
授業がクラスが
こんなに変わる！

ＴＰチャートで具体的にどのように授業が変わっていくのでしょうか。

ここでは、まずＴＰチャートの価値について説明します。続けて、４人の教師がＴＰチャートによってどのように変わっていったのかをダイジェストで紹介していきます。４人の教師は、ＴＰチャートを作成することでどんな気付きを得て、それをどのように授業改善などにつなげていったのか、それぞれの物語を見ていきましょう。

＊それぞれの事例の詳細を知りたい方は、続けて第４章をお読みください。

TPチャートはすごい！

大野 智久（公立高校教諭・理科）

ＴＰチャートとの出会い

　小学校、中学校の新学習指導要領が2017年3月に告示され、「主体的・対話的で深い学び」を目指すことが示されました。**「教師が教える」という教師中心の授業から「生徒が学ぶ」という学習者中心の授業へと、大きく、質的な転換が求められることになったのです。**

　このような授業を実現するために、2012年8月の中央教育審議会答申では**「学び続ける教員像」**の重要性が指摘されています。それを具体化しようと、2017年4月に本書の編者である栗田先生、吉田先生にアドバイザーをお願いし、授業改善の自主勉強会を立ち上げました。

　ところが、実際に授業実践を話し合ってみると、「なぜその方法を行っているのか」という自分の目的の曖昧さに気付く人や、自分が大切にしていると思っていた教育理念が揺らいでしまう人が続出し、個別の授業改善になかなかつながらない状態になってしまいました。

　すると、栗田先生、吉田先生から「ＴＰチャートを作りませんか」と提案をいただきました。そして2017年5月1日、東京大学でＴＰチャートの作成会を開催することになったのです。

　ＴＰチャートは、自分が普段行っている「方法」をもとに、なぜその方法を用いているのかという「方針」を考え、なぜその「方針」を大切にしているのかという「理念」を考えていきます。

　私自身もＴＰチャートを作成し、その一連の流れの中で、自分が行っ

てきた教育活動が整理されていく感覚がありました。それは、誰かから押し付けられたものではなく、自分の中からわき出してきたものから自分自身で気付きを得ていくという、それまでの研修会では感じたことのない感覚でした。「これはすごい！」と衝撃を受けました。

理念の整理と共有が建設的な対話を生む

　教員の研修会は、ときに「押し付け」に感じる場合もありますが、ＴＰチャートの作成は、自らの中にあるものを整理し、自分で気付きを得ていくものなので、「押し付けられた」と感じませんでした。教員研修を根本から変えていくツールになると思いました。

　また、ＴＰチャートによって「方法」と「理念」をつなげることができると、授業改善のための対話の質がグッと高まることに気付きました。たとえば、研究協議会のような対話を通じて授業改善を図るような会合でも、さまざまな意見をいただいても「言っていることはわかるけれど……」とモヤモヤしてしまい、結局問題解決に向かえないことがあります。その大きな理由の一つに、**「理念」の確認をしないままに「方法」の話をしているということ**が挙げられます。

　教育実践に関して対話をする際には、お互いが「大切にしているもの＝理念」が何かを知ることが大切です。ＴＰチャートを作成することで、まずは自分自身が「方法」「方針」「理念」を整理することができますし、それを他者と共有し、その上で授業改善のために建設的な対話をすることができるようになります。実際に、最初に紹介した勉強会での対話もより充実したものになっていきました。

　今後、チームで授業改善をする機会は、いままで以上に増えることが予想されます。そのとき、互いの「理念」を大事にして話し合えることが必要です。ＴＰチャートはそのために非常に有効なツールです。**自分の「理念」が明確になると、授業が大きく変わります。**本章では、実際に取り組んだ先生方の体験談や感想をご紹介しましょう。

「自分らしい」授業ができるようになった！

井上　太智（公立中学教諭・理科）

転勤を機に悩みTPチャートで「自分の軸」を発見！

　昨年、新しい中学に赴任してから生徒とうまくいかなくなり、授業実践も、生徒との関わり方も、働き方も、全てに悩む状態に陥ってしまいました。TPチャートと出会ったのは異動後1年ほど経ったときでした。

　TPチャート作成の過程で、自分のやっている「方法」から「方針」や「理念」を整理していくと、理念とひも付いていない実践がたくさんあったことに気が付きました。

　これらをさらに整理していく中で、自分が本当に大事にしているものがはっきりしてきました。それは、「学ぶ楽しさ」です。

　学ぶことが楽しかったら、子どもたちはそのあともずっと学び続けてくれる。そして、そういう子どもたちが社会をつくっていけるようになることが、自分の目指したいことなのだと腑に落ちました。

　そうして、自分の理念がはっきりしてくると、「あんなふうになりたい」という他者への憧れではなく、「自分らしい教師」を目指したいと思うようになりました。

　転勤したときのことを思い返すと、うまくいかないことに悩み、自分らしさを見失っていたように思います。**いまは、自分の理念を生徒に自分の言葉で話せるようになり、自分らしさを大切にできるようになりました。**

いま授業はめちゃくちゃいい感じになっています。授業は子どもと一緒に遊んでいる感覚でできていて、子どもたちの変化を感じます。

　こういう課題もできるかな、どうかな、と生徒に相談して、試しながら、もうちょっといけるかなと生徒に任せる部分を広げていって、自分も生徒もお互いに自分らしくやれるようになっていきました。

　ＴＰチャートは、ぼくにとって、自分らしさを見つけ直していくための一つの大きなツールになったと思います。

実際に作成したＴＰチャート

第1章　1枚のシートによる振り返りで授業がクラスがこんなに変わる！　19

「生徒が学びの主人公」の授業が見えてきた！

沖 奈保子（公立高校教諭・国語）

生徒自身のニーズをもとに授業を設計するように！

　教師になって10年経った頃から、「生徒が学びの主人公」となる授業を実践するようになりました。数年間実践を重ねるうちに、生徒が互いに学び合う授業への手ごたえを感じるようになりましたが、生徒は私の指示に従って話し合いをさせられているだけで、主体的な学びを実現できていないのではないかと不安を感じるようにもなりました。そんなときに、ＴＰチャートを作成する機会を得ました。

　ＴＰチャートを作成する中で、「生徒が学びの主人公」という言葉に違和感を持つようになりました。いったいどういう活動をしていたら「主体的」と言えるのか、その点が曖昧だったことに気付いたのです。同時に、なぜ生徒の主体性を大切にしたいと思う私がいるのだろう、ということも考えました。

　この過程で、**「学ぶことは楽しく、学びは好奇心と発見によってもたらされるもの」**であり、だからこそ生徒の主体性を大切にしたいのだということに気付きました。

　ＴＰチャート作成後、「理念―方針―方法」の軸が見えたことで、授業へのアプローチががらりと変わりました。

　ＴＰチャートをもとに、毎時ごとの授業目標が計画的に設定され、目標のスリム化が可能になりました。また、生徒の「自己評価アンケート」を実施し、その結果を踏まえ、生徒の現状やニーズに合わせた単

元目標を作るようになりました。

　ＴＰチャートの作成を通じて、授業者の単元構想と生徒の目標を一体化することができ、生徒の主体性にもとづく授業方針が実現するようになっていきました。

　さらに、ＴＰチャートを作成して、自分の教育理念が明確化できたことで、**理念の共有にもとづく授業見学が実現でき、教科の枠組みを越えた対話が可能になりました。**

実際に作成したＴＰチャート

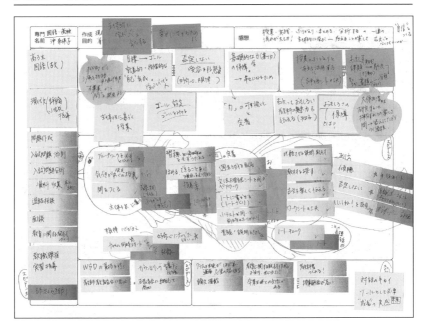

ＴＰチャートで「矛盾」を可視化し授業改善できた！

中澤 啓一（私立中高一貫校講師・理科）

授業改善で生徒の反応が驚くほど変わった！

　これまで、教師として必死に授業改善に取り組んできました。しかし、現実はうまくいかず、「自分はこれから教師としてやっていけるのか？」と不安を抱えていました。

　そんなときにＴＰチャートを作る機会があり、取り組むことにしました。

　ＴＰチャートを作成して気付いたことは、自分の「行動」と「考え」がリンクしていないということでした。「これは大事だ！」と軸にしているつもりだったことが、全然実践できていなかったのです。たとえば、「みんなで学ぶ」を大事にしようと考えていたのに、毎日の授業や試験に追われ意識から抜けてしまっていました。それでも口では「みんなで学ぶことを大事にしよう」と言っていたので、支離滅裂でした。

　私は「生徒の主体的な学びのためには講義をしない方がよいのではないか」と考えていました。しかし、ＴＰチャートを使ってほかの方と対話をする中で、「講義」という方法も、「新しい視点を提供する」という方針のためにやっているのであればよいということに気付き、固定概念にとらわれずに授業を改善できるようになりました。

　授業の方法を変えるにあたり、その理由と方針を生徒に説明しました。すると、びっくりするくらいモリモリ学ぶ生徒の姿を見ることに

なりました。

　授業のスタイルもそうですが、1学期は私が混乱していたから生徒も混乱していたのだと思いました。

　その後もＴＰチャートを更新しながら授業改善を行ってきました。**ＴＰチャートでそのときどきの自分の頭の中を丸裸にして、何が課題なのかを可視化することで、自分が変わるきっかけを自分で掴むことができます。**

　ＴＰチャートは、変わり続ける教師自身の「羅針盤」となるものなのです。

実際に作成したＴＰチャート

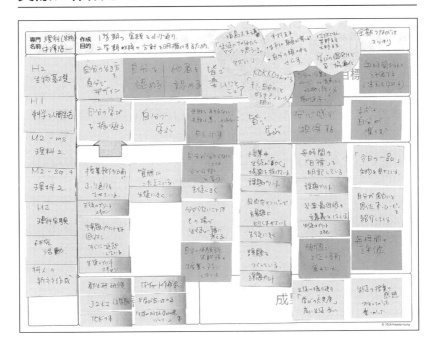

「このチャート1枚で5年はがんばれる！」と実感！

川崎　知子（公立小学校教諭）

「職員同士のつながりが自分には大事」と気付いた！

　私は小学校教員として11年仕事をしてきました。そんな中、学校の在り方に疑問を抱くようになり、もっと子どもたちの根源的な学びを支えるような教育ができないか、模索するようになりました。

　日々の仕事や育児に追われる中、ＴＰチャートのことを知り、作成ワークショップに参加しました。参加してみて、「理念や信念を明らかにする」という目的が、自分にぴったりだと思いました。

　ＴＰチャートを作成して、意外にも、「個人としての学級経営よりも、教員同士の対話とか、どう子どもたちを育てたいかという教員同士の共通理解のほうが、自分にとっては重要なのだ」と気付きました。

　自分の学級経営については、子どもの反応もよく、それほど悩んでいませんでした。一方、新任の人を育てる責任を負っていて、それが難しいと感じていました。若い人のやっている教育実践と、自分の理想が違っているときにどうすり合わせるとよいのか、やる気を失わず、いい先生になってもらうにはどうしたらいいのか悩んでいたのです。

　ＴＰチャート作成中は、ほかの先生とペアを組み、話すことで自分の考えが整理されていきます。話すうちに、「若手の人も私も含め、みんなクラスのことに悩んだりするけれど、職員室に常日頃から話せる関係があれば、研修や本で勉強しなきゃとか追い込まれないで済むのに、職員室が一番学べればいいのに」という思いが出てきました。

そして、「職員室にそうしたつながりがあれば、教員を長く続けていけるんじゃないか。自分にとってはそこが一番大事なのではないか」と気付きました。これは、ＴＰチャートを作成して初めて出てきた視点でした。それまで意識したことがなかったけれど、そこが自分にとって一番大事なところだと気付いたのです。

　そして、この先５年はこの方向を大事にすることでやっていける！と確信できました。

　私とペアを組んだ先生は、「ポジティブなフィードバックをする」という役割に徹してくれました。そのサポートを得ながら、自分の考えを整理できた経験をとおして、この役割こそまさに教育なのではないかということも実感できました。ＴＰチャート作成はプロセスも含め、意識したことがないことに気付かされることの多い体験でした。

実際に作成したＴＰチャート

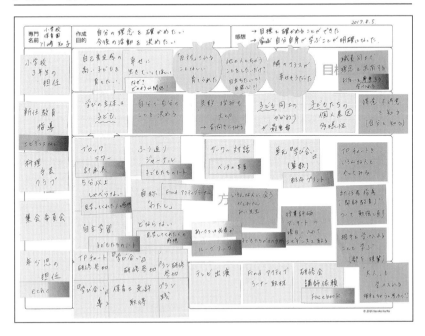

第1章　1枚のシートによる振り返りで授業がクラスがこんなに変わる！

コラム

TPチャート作成ワークショップに参加した先生たちの感想

TPチャート作成ワークショップ

　全国各地で、TPチャートの作成ワークショップが行われています。
　ここでは、ワークショップに参加した先生たちが、作成をしたことでどんな感想を持ったかを紹介しましょう。2017年5月1日、8月5日に東京大学で開催されたワークショップの参加者121名にたずねました。アンケートの回収枚数は76名分です。

TPチャート作成の満足度

　TPチャート作成についての総括的な満足度を10段階評価でたずねたところ、76名中、最高評価の「10」が29名、「9」が19名、「8」が18名など、ほとんどの参加者が高い満足度と回答しています。

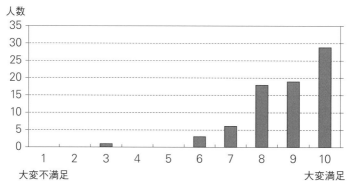

TPチャート作成の総括的な満足度

ＴＰチャートを他者にすすめたいか、更新したいか

「ＴＰチャートを他者にすすめたいか」「更新したいか」について、「大変そう思う」から「全くそう思わない」までの5段階評価でたずねたところ、いずれの項目についてもほとんどが「大変そう思う」「そう思う」の肯定的な回答という結果になりました。

ＴＰチャートを作成した方々の多くは、「他者にすすめたい」「更新をしたい」という感想を持つようです。

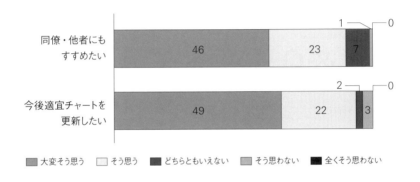

ＴＰチャート作成の感想

また、ＴＰチャート作成後にどう感じたについて自由記述の形でたずねたところ、下記のように多様な感想が寄せられました。

【ＴＰチャートの作成によって気付いたこと】

- 普段から直感で動いてしまっているので、やはり何気なくやっていることが多いなと思った。

- チャートを作ることで、自分が現在混乱しているということがわかりました。自分の状況を知るためにも有効だと思います。

- 自分の内側から出てきた気付きなので、とても価値が大きいです。捨てられません。

- 自分の授業実践を俯瞰でき、かつ、自信につながった！

- 教師は職人的なところがあるので、このように自分の中身を可視化することは、とても重要だと思う。

- 定期的にチャートを作り直し、それを比較することでより明確な自分への自己評価、方針、方向性を得ることができると感じた。

- 学校も教科も違う方とペアで作業を進めたが、理念に共通することがあった。学校内でチャート作成を行い、共有すれば、学校全体の教育理念や教育ゴールをさらに明確にできると感じた。

【ＴＰチャートのここがよかった！】

- ふせんを使って書くので、気軽に（考えすぎないで）書くことができてよい。貼りかえも自由なところがよい。

- 決まった時間で振り返りを行うことができたので、今後行う上でも有用だと思いました。また、やり方が明確でしたので、ほかの先生方にも勧めやすいです。

- 散らかっていたものが統合され、メタな視点で振り返ることができました。

- 頭の中を整理するしかけとして有用だと思った。他者の視点、意見も刺激となるので、ブラッシュアップに効果的だと思う。

第2章

自分の
TPチャートを
作ってみよう！

「TPチャートを作ってみたい！」
と思ってくださった方へ。

この章では、具体的なチャートの作成のしかたについて、
順序を追って解説していきます。
まず、TPチャートそのものについての簡単な説明のあ
とに、準備物を示し、そして、具体的に作成手順を説明
していきます。

早速、作ってみましょう！

TPチャートを知ろう！

専門・名前	作成目的	感想
責任	理念	目標
	方針	
	方法	
	改善・努力	成果・評価

TPチャートは、このようなシートに、ふせんを貼って作っていきます！

TPチャートとは

　ティーチング・ポートフォリオ・チャート（TPチャート）とは、教師としての教育活動を振り返って自分の理念を見出し、その理念を活動の方針や方法とひも付けて教育活動を見直すための1枚のワークシートです。思い出したことをふせんに書いて貼ることで、活動を整理し、自分の理念を軸に活動をとらえ直します。

TPチャートの作り方

　TPチャートには、「責任」「改善・努力」「成果・評価」「方法」「方針」「理念」「目標」といった項目があります。これらの項目に関する行いや考えを1つずつ書き出すことで、チャートを作成していきます。

流れとしては、具体的な項目から始めて抽象的な項目に取り組んでいきます。つまり、実際に行っている活動を挙げて、それらの背後にある考え方など、より抽象的な方針や理念に迫っていきます。

　理念から考え始めると、社会的に理想とされていることなどいわゆる「借り物」になりやすいのですが、普段の活動から深く考えていくことで、活動のあちこちに知らず知らずのうちに現れていることを手がかりにして、心の奥底にある理念に近づいていくのです。

　具体的には、まず、行っている教育活動を「責任」「改善・努力」「評価・成果」という項目ごとに、ふせんに書き出します。そして、それらの中でいつも行っていたり、重要視している共通の「方法」を見出します。さらにそれらの「方法」に共通する「方針」を考え、その「方針」をとる理由を「理念」として明らかにします。そして、「理念」の実現に向けて「目標」を決めます。これが一連の流れです。

ＴＰチャートを作るのはなぜ？

　ＴＰチャートの作成によって、これまでの教育活動を振り返ることができます。そして、「こう育ってほしいと願っている生徒像」「こうありたいと考えている教員像」など、教育の理念を明らかにできます。

　そうすることで、新たな視点で自分の教育活動をとらえ直せたり、あらためて教師としての自信を持つことができます。

　また、「どう授業をつくってよいか方針がわからない」「何となく方法を変えてみてもうまくいかない」など日常で困っていることがあるとき、理念・方針・方法を見直すことで解決できます。

　ＴＰチャートは１人でも作成できますが、ほかの人と一緒に作ることをおすすめします。他者との対話を通してより深い振り返りができるからです。そのような対話を通じて、専門や学校種を越えて人とつながることができます。多様な教育のあり方について知り、また、より深く理解する枠組みとしてもＴＰチャートは役に立つでしょう。

第2章　自分のＴＰチャートを作ってみよう！　31

ＴＰチャートを作る準備をしよう！

　ＴＰチャートを作成するには、ワークシートとふせんと時間が必要です。そして、できれば一緒に作成できる仲間もいるとよいでしょう。

ワークシートについて

　131 頁のシートを A3 判に拡大して印刷してください。A4 だと小さいので必ず A3 判にしましょう。また、電子ファイルが本書編者・栗田のウェブサイト (https://kayokokurita.info) にあるので、それを印刷しても構いません(「ＴＰチャート 資料」でも検索できます)。

ふせんについて

　ふせんは、ワークシートの各項目について、自分の教育活動を振り返ったことを記入して貼っていくためのものです。ワークシート上で移動や並び替えをするので、ふせんは必ず用意しましょう。
　4cm × 5cm 程度のふせんが 50 枚あれば作成できます。書き直しがあること、ひとかたまり 100 枚になっていることが多いことから、100 枚用意すれば十分です。もし可能であれば、
4cm × 5cm 程度のふせん（ふせん大）を黄色 50 枚、青色 25 枚、1.5cm × 5cm 程度のふせん（ふせん小）を黄色 25 枚、青色 25 枚、りんごのふせん 5 枚

を用意していただけると、チャートが見やすく作成できます。なお、黄色はこれまで（過去）のこと、青色はこれから（未来）のことを書くために使います＊。

ひとまず１種類のふせんがあればＴＰチャートは作成できるので、複数のふせんを用意できなくてもまったく問題ありません！

時間について

ＴＰチャートを作成するのにかかる時間は、１〜２時間です。少しずつ作成することも可能ですが、教育活動について実際に行っていることから順に教育理念に向かって振り返って深めていくので、まとまった時間をとることをおすすめします。

一緒に作る仲間について

ＴＰチャートは自分の教育活動の振り返りなのに、ほかの人と話す必要があるのか、と疑問に思う方がいるかも知れませんが、チャートの作成においてほかの人と対話することには以下のような意義があります。

1　ほかの人に説明することで自分の振り返りを明確に意識できる
2　ほかの人から質問を受けることで、さらに振り返りが促される
3　ほかの人の取り組みを聞いて学べる
4　ほかの人と教育について話し合うことで、より深くつながることができる

また、誰と一緒に作るかも重要です。まったく違う視点からの気付きを得たい場合には、専門が異なる人と組むとよいでしょう。

＊ ふせん大に書いたことの根拠をふせん小に書いてふせん大に貼りつけたりなどの作業があるので、大小あると便利です。また、理念を考えるときにりんごのふせんを使いますが、ほかの形でも、もしくは黄色のふせん大で代用してもOKです。商品としては 3M 社のポストイットがおすすめです。品番を共有しておきます。黄色大：653RP-Y、青色大：653RP-B、黄色小・青色小：700RP-GK、りんご：SSS-APN

完成したTPチャートはこんな感じです!

TPチャート完成イメージ(ふせんフルセット)

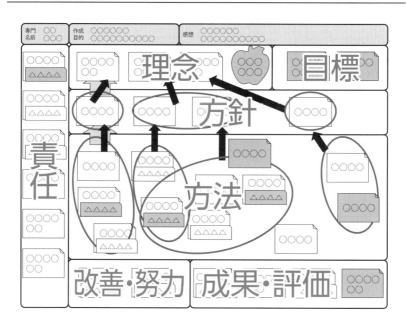

　全てのふせんをそろえて作成したTPチャートの完成イメージがこちらです。本書の説明では、黄色のふせんと青色のふせんが出てきますが、以後、この図のように色のないふせんが黄色のふせん、色の濃いふせんが青色のふせんを表します。

　「○○」や「△△」のところには、それぞれについて振り返ったこと

が記述されます。

　また、関連を示すためにふせんを囲んだり矢印を適宜追加します。

ＴＰチャート完成イメージ（ふせん1種類）

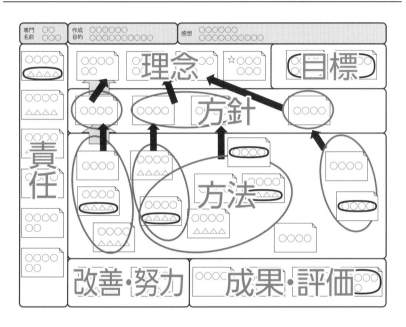

　こちらは、１種類のふせんで作成したＴＰチャートの完成イメージです。ＴＰチャートを作成する中で左図のように大きいふせんに小さいふせんを重ねて貼る作業が発生するのですが、ふせんが１種類しかない場合は、左図の小さなふせんの代わりに、上図のように、大きいふせんの下にあらかじめ余白を残して、あとから書き込みできるスペースを作っておきます。左図で色の濃いふせんを使うところは、線で囲むなどして区別します。

　りんごのふせんに該当する箇所（エピソードを記述します）は、☆印をつけて区別しています。

TPチャートを作る流れを知ろう！

　作成の準備ができたら、いよいよ作成に入っていきます。右ページに、作成全体の流れを示します。
　基本的に「責任」「改善・努力」「成果・評価」「方法」「方針」「理念」「目標」の順に、具体的な活動を思い出すところから始めて、心の中にある理念に近付いていく形で振り返りながら進めます。思いついたこと、考えたことを1つずつふせんに書き出し、ワークシートに貼り付けていきます。

TPチャート作成の流れ

　右ページ表の「時間」は、その項目にかける時間の目安です。1つの項目について深く考え込んでしまうと先に進めなくなってしまうので、基本的にはここに示した時間で区切って先に進んで全体を作成しましょう。多少長くかかっても構いませんが、2～3分の超過程度にとどめておきましょう。まずは作成してみて、あとでできあがったTPチャートを見直して改善するという気持ちで始めるとよいでしょう。
　右ページ表の「ペアワーク」という項目は、ほかの人と作成するときのためのものです。前のページでお伝えしたように、他者と一緒にTPチャートを作成することで振り返りが深まります。しかし、個人で作成しても問題ないので、個人で作成する場合は省略してください。

ＴＰチャート作成の流れ

時間	内　容	形　態
1分	「基本情報」の作成	個人作業
2分	「作成の目的」の作成	
5分	「教育の責任 (教育活動)」の作成	
2分	「改善・努力」の作成	
3分	「成果・評価」の作成	
8分	自己紹介とチャートの共有	ペアワーク (各4分)
7分	「方法」の作成	個人作業
7分	「方針」の作成	
7分	「理念」の作成	
2分	「理念に関する個人エピソード」の作成	
5分	「理念」「方針・方法」の対応づけ	
8分	対応づけの共有と対話	ペアワーク (各4分)
2分	共有の気付きをもとに修正	個人作業
3分	「エビデンス」の作成	
6分	「エビデンス」の共有	ペアワーク
4分	「目標」の作成	個人作業
2分	「作成の感想」の作成	
8分	「目標」「感想」の共有	ペアワーク (各4分)

第2章　自分のＴＰチャートを作ってみよう！　　37

基本情報、作成の目的、教育の活動を書き出してみよう！

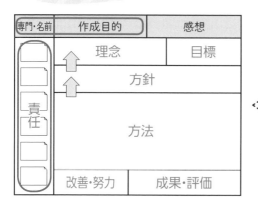

ここでは、「専門・名前」「作成目的」「責任」の部分を作っていきます。
左の図がここでの完成形です。これを目指しましょう（以降同様）。

基本情報の書き方（作業時間1分）

やってみよう！

「専門・名前」に専門の科目名と氏名を書き出しましょう！
専門の記入例：「国語」「生物」「体育」「数学」

作成目的の書き方（作業時間2分）

やってみよう！

「作成目的」にチャートを作る目的を書き出しましょう！
記入例：「授業の改善」「気付きを得たい」「活動を整理したい」

ＴＰチャート作成が漫然とした作業にならないよう、あらためて作成目的を明確に意識するために、目的を書き出します。

教育の活動の書き方（作業時間5分）

やってみよう！

「責任」に、いま行っている教育活動をふせん（黄大）１枚につき１つずつ書いて貼っていきましょう（多ければふせん〔黄小〕を使う）＊。

記入例:「古文１年Ａ組」「生物２年理系」「進路指導」「就職指導」「剣道部顧問」「入試問題作成」「オープンキャンパス」

上記の記入例以外の活動や「これは教育活動として書き出していいのかな？」と思うものなども基本的には全て書き出してみてください。

基本的には直近１年程度の教育活動を対象としますが、自分の教育活動として重要であればそれ以前のものを含めても構いません。

ここは、あなたの教育活動を振り返るための材料をとにかく出す時間なので、思いついたら書き出してみましょう。

教育の活動を書き出すのはなぜ？

自分が行っている教育活動について書き出してみると「やってみたら『あれ！　意外にたくさん仕事を引き受けていたんだなあ。よくやってきたなあ』とすごく自己肯定感が高まりました！」という人や、「仕事を引き受けすぎだと気付いたので、整理します。頭がスッキリしました」と業務改善に早速つながる人もいます。

つまり、ふせんに書き出してみることで、自分では気付けていない活動も含めた全体像をあらためて確認することができるのです。

＊ ふせんが１種類しかなければ、下に少し単語が書けるスペースを空けておいてください。あとでそのスペースが必要になるためです。

第2章　自分のＴＰチャートを作ってみよう！　39

改善・努力を書き出してみよう！

専門・名前	作成目的	感想
	理念	目標
	方針	
責任	方法	
	改善・努力	成果・評価

次に、「改善・努力」の部分を作っていきます。ちょっとしたことでもよいので、どんどん書き出して見ましょう！

改善・努力の書き方（作業時間2分）

やってみよう！

「改善・努力」に、教育活動における改善および改善を目的とした活動や努力していることをふせん（黄大）1枚につき1つずつ書いて、貼っていきましょう（多ければふせん〔黄小〕を使う）*。

改善の記入例：「反転授業の導入」「ルーブリックの導入」

努力の記入例：「授業力向上に関する書籍での学習」「授業改善の研究会に週1回参加」「アクティブ・ラーニングについての勉強会を主宰」「TPチャートの作成」

* ふせんが1種類しかなければ、下に少し単語が書けるスペースを空けておいてください。あとでそのスペースが必要になるためです。

すぐに出てこない人は、たとえば、授業に関しては以前と比較して改善したことを思い出してみましょう。「レポート課題の評価にルーブリックを導入した」などのようなことが例として挙げられます。
　また、教育に関わる研修会・研究会への参加・企画もここに挙げられます。例としては、「生物教育学会に参加した・発表した」「アクティブ・ラーニングについて学ぶワークショップに参加した」などが挙げられます。
　さらに、たとえば、カウンセラーの資格など、教育力や生徒指導力の向上を目的とした資格を独自に取得していたり、取得のための勉強中などであれば、それも「改善・努力」として挙げましょう。
　また、この「ＴＰチャート作成」もぜひ「改善・努力」の１つとして記入しておきましょう。

書き出すことで前向きな気持ちになれます！

　初任の先生や、日々の仕事に追われていて気持ちがつらくなっている先生方の中には、自分のやってきた「改善・努力」を書き出すことで、自分が授業やクラスをよくするためにどんなに考えて、どんなに頑張ってきたのかを思い出し、前向きな気持ちを取り戻す方もいます。書き出すことでよい面がたくさん出てきます！

成果・評価を書き出してみよう！

専門・名前	作成目的	感想
□	理念	目標
□	方針	
責任 □	方法	
□	改善・努力	成果・評価

次に、「成果・評価」の部分を作っていきます。まずはいまの自分を知ることが大事ですから、書き出せるものが少なくても気にしないでください！

成果・評価の書き方（作業時間3分）

やってみよう！

「成果・評価」に、教育活動によって得られた生徒の成長を表す成果や、生徒あるいは第三者からの評価をふせん（黄大）1枚につき1つずつ書いて、貼っていきましょう（多ければふせん〔黄小〕を使う）＊。

成果の記入例：「生徒の生物への興味が増した」「試験の平均点が上昇した」「生徒が自由研究で受賞した」「部が大会で優勝した」

評価の記入例：「授業評価が高い」「授業方法について講演を依頼された」「授業研究会で高い評価を得た」「優秀教員賞を受賞した」

＊ ふせんが1種類しかなければ、下に少し単語が書けるスペースを空けておいてください。あとでそのスペースが必要になるためです。

「挙げられることが少ない！」と心配な方へ

　挙げられることが少なくても大丈夫です！　日本では、教育の質を評価するということが一般的ではないため、書けることがあまりないかもしれません。その場合には、この部分にふせんをあまり貼ることができないのですが、それで結構です。

　「挙げられることがない」という現状を認識することもまた、ＴＰチャートの作成意義の一つであるのです。

（ペアがいる場合）ペアで内容を共有しよう！（8分）

> **やってみよう！**
>
> これまでに作成した「責任」「改善・努力」「成果・評価」の内容を相手に説明しましょう。その内容を説明する話し手と、その説明を受ける聴き手に役割分担をします。話し手と聴き手は、3〜4分程度で交代します。

　有意義なペアワークにするため、次のことに気を付けてください。

　まず、話し手はわかりやすい説明を心がけましょう。専門用語は極力使わないか、説明をして使います。言葉にして説明することで教育活動を明快にとらえ直せる、という意識を持って話しましょう。

　聴き手は、相手に興味を持って聴きましょう。否定はしないで、まずは受け入れます。いわば「傾聴」の姿勢に徹しましょう。うなずきや反復などの反応を基本とし、「相手の振り返りが深まる」ことを目的にした問いを投げかけてあげましょう。

第2章　自分のＴＰチャートを作ってみよう！　　43

方法を書き出してみよう！

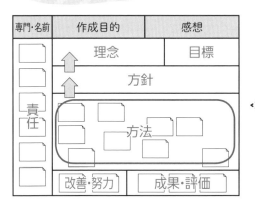

次に「方法」の部分を作っていきます。これまで挙げたことを振り返り、自分が実際にやっている「行い」を考えて書き出していきます！

方法の書き方（作業時間7分）

> **やってみよう！**
>
> 「方法」に、これまでに挙げたふせんを見て、いつも行っている方法、重要だと思って行っている方法をふせん（黄大）1枚につき1つずつ書いて、貼っていきましょう*。
>
> 記入例：「小テストを授業最初に毎回している」「授業に関係する新聞記事を見せる」「できるだけ早く名前を覚える」「授業開始・終了時間を厳守している」「授業に限らず相談にのる」「教科書を使わない」「多くの生徒に発言の機会をつくる」「グループ活動を多用している」

＊ ふせんが1種類しかなければ、下に少し単語が書けるスペースを空けておいてください。あとでそのスペースが必要になるためです。

できるだけ、「努力している」とか「心がける」などの考えや姿勢ではなく、目に見える「行い」を書き出してください。

たとえば、「新聞記事を冒頭に紹介する」「授業の延長は絶対にしない」「学業に限らずできるだけ学生の相談にのる」などです。

すぐに思いつかない人は次の質問を自分にして考えてみてください。

- いつも行っていること、習慣になっていることは何だろう？
- 重要だと思って行っていることは何だろう？
- 行っていることの中で、ほかの人と違うと思うことは何だろう？

特に、いつも行っていることは、あたり前すぎて出てこないことがあります。そのようなときには、「複数の授業科目や活動にわたって共通していることは何だろう？」と考えてみるとよいでしょう。

ふせんは何枚あれば十分か？

ＴＰチャートにおいて、この「方法」の領域は最も広くとってあります。これは、教師の持つ方法が多様であるためです。

ふせんの多さが、ＴＰチャートのよし悪しを決めることはありませんが、「方法」を土台としてこの先の「理念」に迫っていくことを考えると、ふせんは少なくとも５枚くらいはあるとよいでしょう。

ただ、この先のプロセスにおいて思い出したら付け足せばよいですし、未来に行いたいことの発見につながればよいので、少なくても気にする必要はありません。

方針を書き出してみよう！

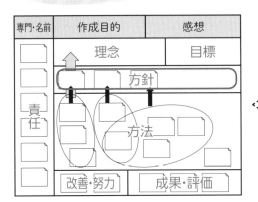

次に「方針」の部分を作っていきます。先ほど挙げた「方法」の各要素について「なぜこの方法を行っているのか？」と考えることで書き出していきます！

方針の書き方（作業時間7分）

> **やってみよう！**
>
> 「方針」に、方法に書き出したふせんを見て、「なぜそれを行っているのか」という理由（方針）をふせん（黄大）1枚につき1つずつ書いて、貼っていきましょう。
>
> 記入例：（方法）「小テストの実施」→（方針）「基礎知識を確実に身につける」、（方法）「できるだけ早く名前を覚える」→（方針）「信頼関係を築く」、（方法）「授業開始・終了時間を厳守している」→（方針）「教員が自らルールを守る」、（方法）「多くの生徒に発言の機会をつくる」「グループ活動を多用している」→（方針）「仲間と活動することで学びが深まることを実感させたい」

「方法」をグルーピングして「方針」を見出す

　まず、似ている「方法」をグルーピングしてから、なぜそれらの方法を用いているのかを考えるとスムーズに「方針」を見出せます。

　具体的には、書き出された「方法」のふせんを見て、

- ● なぜ生徒にとってこの方法が大切なのか？
- ● この方法を使って生徒にどう成長してほしいのか？
- ● 教科の何を学んでほしいのか？

と自問自答しながら、似ている「方法」のふせんをグルーピングして、線で囲みましょう。

　そして、グルーピングされた方法を「なぜ用いているのか？」に対する答えを、新しくふせんに書いて、「方針」のところに貼り、グルーピングした「方法」から対応する「方針」に矢印を引きましょう。

　たとえば、先ほどの「新聞記事を冒頭に紹介する」をなぜやっているかの理由として、「授業内容を身近に感じてもらいモチベーションを上げる」などが挙げられます。

　ここで、一枚の「方法」のふせんが二つのグループにまたがったり、グループにならない「方法」のふせんがあっても構いません。また、この作業で新たに「方法」を思い出したら、追加しても構いません。

「方針」につながっていない「方法」があったときには

　「方法」に挙げたふせんを一つひとつ見ていくと、大した理由もなく行っていることがあるかも知れません。そうすると、「方針」とうまくつながりません。でもそれでよいのです。そうした「方法」が見つかることも振り返りにおいては重要で、意味がないならば、その「方法」を用いるのをやめるという選択もできるようになります。ここで、そのようなことを意識することが重要です。

第2章　自分のＴＰチャートを作ってみよう！　　**47**

理念を書き出してみよう！

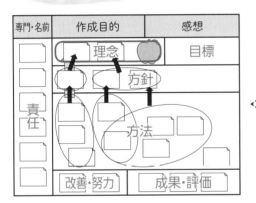

次に「理念」の部分を作っていきます。チャート作成で最も大事なところです！個人エピソードもヒントに自分の教育理念を見出していきましょう。

理念の書き方（作業時間7分＋2分）

やってみよう！

「理念」に、方針に書き出したふせんを見て、「なぜその方針をとっているのか？」という理由（理念）をふせん（黄大）1枚につき1つずつ書いて、貼っていきましょう。（7分）

また、自分の教育活動に影響を与えた人物や出来事などのエピソードをりんごのふせん*に書き出します。そして、教育で大切にしていることを思いついたら、それをふせんに書いて「理念」に貼ります。（2分）

ここでは、あなたの理念を大事にしたいため、記入例は載せません。ぜひ、あなたなりの理念を考え出してみてください。

＊りんごのふせんがない場合はふせん（黄大）で代用してください。

「方針」を用いている理由を考えて「理念」を見出す

　方針を見出すときと同じです。まず、似ている「方針」をグルーピングしてから、なぜそれらの方針をとっているのかを考えるのです。

　書き出された「方針」のふせんを見て、

- なぜ生徒にとってこの方針が大切なのか？
- この方針によって生徒にどう成長してほしいのか？
- 教科の何を学んでほしいのか？

と自問自答しながら、似ている「方針」のふせんをグルーピングして、線で囲みましょう。

　そして、グルーピングされた方針を「なぜ用いているのか？」に対する答えを、新しくふせんに書いて、「理念」のところに貼り、グルーピングした「方針」から対応する「理念」に矢印を引きましょう。

個人的なエピソードを振り返って「理念」を見出す

　これまでは、具体的な「方法」から「理念」を見出そうとしてきました。ここでは少しアプローチを変えて、挙がってきた「理念」を眺めつつ、そうした「理念」を持つに至った個人的なエピソードについて考えます。

　どうして教員を目指そうと思ったのか、お手本にしている先生、あるいは反面教師になっている先生、小学校の頃の出来事、などを少し思い出して書きましょう。

　エピソードを思い出すうちに、「こういう先生になりたかった」「こういう生徒に育ってほしいと思っていた」など、現在「理念」としては挙がってきていない事項があれば、さらにふせん（黄大）に書き出して、「理念」のところへ追加しましょう。

　エピソードの数に制限はありませんが、1 ～ 3 個程度のエピソードを書き出す先生が多いです。

理念・方針・方法が対応づいているか確認しよう！

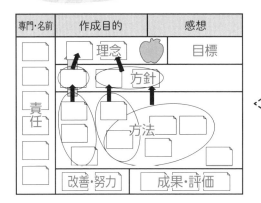

だいぶできあがってきました！次に「理念」・「方針」・「方法」がうまく対応しているかを確認します。この対応づけについては第3章も参考にしてみてください。

理念・方針・方法の対応の確認 (作業時間5分)

やってみよう！

「理念」に対して「方針」がひも付いているか、「方針」に対して「方法」がひも付いているか、確認してみましょう。
うまくひも付いていなかったら、新しい「理念」「方針」「方法」を修正したり、ひも付け方を変えてみたりしましょう。

　これまでは「責任」「改善・努力」「成果・評価」「方法」を書き出し、「方法」を参考にして「方針」、「方針」を参考にして「理念」、というように、具体的な「方法」から抽象的な「理念」へ（下から上へ）と、一気に振り返ってふせんに挙げていただきました。
　ここで少し、「理念」「方針」「方法」に挙げられた各要素の関係に

ついて確認をしてみましょう。「責任」「改善・努力」「成果・評価」「方法」はいわば事実を書き出す項目ですが、「理念」や「方針」は、多くの人にとって、心の中にあったものが初めて目に見える形で現れたものと言えるでしょう。

　そこで、この「理念」「方針」およびこれらを導き出した「方法」に注目します。これらの関係についてあらためて確認をすることで、いわば「生まれたて」の「理念」や「方針」をよりよい表現にしたり、よりよい関係性を見出します。

　ここでは、抽象的な「理念」から具体的な「方法」（上から下）へとうまくひも付いているか、見ていきましょう。これまでとは逆方向から見てみると、対応のほころびが見え、それが改善の糸口になっていきます。対応が不明確であったり、よりよい対応があったりすることに気付くかもしれません。また、全体を見渡すことで、「理念」や「方針」のよりよい言葉が見つかるかもしれません。

　たとえば、「理念」や「方針」につながっていない「方法」のふせんが見つかることがあります。その「方法」についてもう一度、考えてみたとき、意味がないならば、今後はやめるべき「方法」となります。しかし、意味があるかもしれないと感じられるならば、なぜそう感じるのかを考えてみましょう。そうすると、思わぬ新しい方針や理念に気付くことがあります。

第2章　自分のＴＰチャートを作ってみよう！　　51

（ペアがいる場合）ペアで書いた内容を共有しよう！（8分）

> **やってみよう！**
>
> これまでに振り返った「方法」「方針」「理念」の内容とそれらの対応について相手に説明しましょう。その内容を説明する話し手と、その説明を受ける聴き手に役割分担します。話し手と聴き手は、3〜4分程度で交代します。

　話し手は、手元のチャートをもとに、「理念」から「方針」「方法」の順に対応を意識しながら説明します。「○○」という理念があり、それを「○○」という方針のもと「○○」という方法をとって実現しています、というような流れで、理念を実現するために方針を立て、具体的な方法をもって実現していることを説明します。

　聴き手は、傾聴の姿勢、つまり興味を持って聴くことに徹してください。理念は人それぞれですので、まずは受け入れます。批判はしません。問いかけは、理念を明確にしたり、各項目の対応を明確にしたり、さらに深い理念が見出されることを目的にしましょう。

（ペアがいる場合）共有を参考に修正しよう！（2分）

> **やってみよう！**
>
> 共有が終わったら、新しく考えたことや整理し直したことをチャートに反映させましょう。

　話すことにより、考えが明確になったり、新たな気付きが得られたりします。それらの気付きをもとにチャートを修正してみましょう！

対応がしっくりしない部分への対処

「理念」「方針」「方法」の対応を確認してみると、すっきりと対応しないところがあることに気付くでしょう。違和感あるいはもやもやを感じる部分に対しては次のように対処してみましょう。

● **貼ってある場所を変えてみる**

最初に考えた関係に違和感があるのかもしれません。よりしっくりくる別の場所がないか、確認し、貼り直してみましょう。

● **追加する**

たとえば「あ、こういう方法もあった」と気付くことがあります。対応において思いついたものはどんどん追加してみましょう。

● **表現を変えてみる**

「方針」や「理念」にある要素のことばがしっくりこない場合、よりよい表現がないか考え、思いついたら差し替えましょう。

● **ひとまず置いておく**

時間がかかりそうなふせんは、あとで見直せばよいので、印をつけたり、隅に置いたりして、ひとまずそっとしておきましょう。

対応づけを確認する意味

ここで「理念」「方針」「方法」をこの順でざっくりと俯瞰的に見直す目的は、ＴＰチャートを改善するポイントの発見にあります。具体的方法から順に見出してきた「方針」や「理念」が、逆にこれらからたどったときに、違和感がないかどうかを確認することが、よりよい「理念」「方針」の表現や、要素相互の関係性の発見につながります。

「理念」「方針」の詳細な見直しは、第３章で取りあげています。まず、本章でＴＰチャートを作成してから、ぜひ第３章をご覧ください。

第2章 自分のＴＰチャートを作ってみよう！　53

エビデンス（根拠）を書き出してみよう！

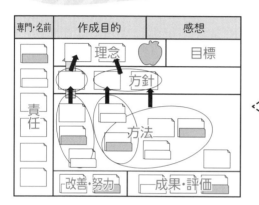

次に、チャートに書き出された活動に関する根拠を書き出していきます。
これまでとは、少し違う視点での作業となります。

エビデンス（根拠）の書き出し方 （作業時間3分）

やってみよう！

「責任」「改善・努力」「成果・評価」「方法」の各ふせんの根拠資料をふせん（黄小）*に書いて、重ねて貼りましょう。

責任の記入例：「時間割」「任命書」「シラバス」

改善・努力の記入例：「勉強会のチラシ」「研修の参加証」

成果・評価の記入例：「優秀なレポート例」「授業評価の結果」「同僚からのフィードバックコメント」「生徒の進路データ」

方法の記入例：「配布資料の現物」「テスト問題」「グループワークの課題資料」「授業ノート」「授業の様子の写真」

＊ふせんが1種類しかなければ、あらかじめ空けておいたスペースに根拠を書き出してください（チャート完成イメージは35頁参照）。

なぜエビデンスをつけるの？

　もともとＴＰチャートはティーチング・ポートフォリオ（ＴＰ）という教育業績の評価資料になる文書が起源です（ＴＰの詳細は本書101頁をご覧ください）。教育業績をきちんと正しく評価するには、「○○をやっていました」という記述だけでなく、それを裏付けるエビデンス（根拠）が重要です。

　日本では、まだ根拠を示す習慣がありませんが、今後、教育の評価を行う上では、「根拠にもとづく」ことが重要になるでしょう。

　教育の質を他者が判断するには、その活動が見え、それが確かな根拠で裏付けられることが重要です。

　そこで、ＴＰチャート作成を通して、記述の根拠を確認してみましょう。

（ペアがいる場合）エビデンスについて話し合おう！（6分）

やってみよう！

エビデンスがないふせんについて、どのようなものがエビデンスになるかを話し合いましょう。新たに気付いたエビデンスがあればふせん（青小）＊に書き出して付け加えましょう。

　たとえば、「方法」に「グループワークを毎回実施する」があるとき、エビデンスとして「グループワークに対するコメントシート」を思いついた場合、これをふせん（青小）に書きます。

＊ ふせんが１種類しかなければ、あらかじめ空けておいたスペースに根拠を書き出してください。さらに、今後のものであることがわかるように丸で囲ってください。

第2章　自分のＴＰチャートを作ってみよう！　　55

目標を書き出してみよう！

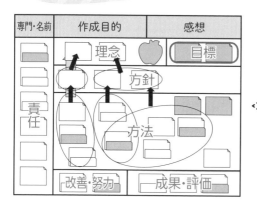

次は「目標」です！
これまでで過去の振り返りは終わりました！
ここからは未来のことを考えていきましょう！

「方法」「改善・努力」「成果・評価」に具体的な目標を書き出してみましょう！（作業時間2分）

> **やってみよう！**
>
> 「方法」「改善・努力」「成果・評価」に関する具体的な目標をふせん（青大）*1枚に1つ書いて貼りましょう。具体的に記述することで、達成できたかどうか、あとでチェックがしやすくなります。
>
> 方法の記入例：「ルーブリックをとりいれる」「ポスター発表をとりいれる」「授業案を作り、毎授業後に改善する」
>
> 改善・努力の記入例：「クラス運営についての研修に参加する」「教科教育に関する研究集会に参加する」

> 成果・評価の記入例：「授業内容への興味・関心度を高める」
> 「模試の学校平均を○点に上げる」「教育実践について学会で
> 発表する」「生徒の研究を○○へ応募する」

「目標」に書き出してみましょう！（作業時間2分）

> **やってみよう！**
>
> 「目標」に、今後達成したい、5年より先の長期的な教育の目
> 標をふせん（青大）*1枚に1つずつ書いて貼りましょう。また、
> 長期目標を実現するために必要な、1～2年以内に達成できそ
> うな短期的な目標も書き出しましょう。
> 記入例：「単なる受験対策ではない生きる力として必要なことを教
> える授業をつくりたい」に向けて「国内外の理想の実践を探す」
> 「学内外で仲間を見つける」「正規授業とは別にやってみる」

これまで全般的にふせんが少なかった人へ

　経験が浅かったり、担当科目が少ないなどで、たとえば「方法」の
ふせんが少なかった場合、「今後やりたい方法」や「参加したい勉強会」
などを短期目標としてたくさん掲げてみましょう。

　経験の少ない人が作るTPチャートは全般的に目標のふせんが多く
なります。そうしたTPチャートは、未来に開かれたチャートと言え
るでしょう。

　来年の今頃に、その目標のふせんがいくつ達成できたか、ぜひ見直
してみてください。

＊ふせんが1種類しかなければ、そのふせんで代用します。目標であることがわかるように
丸で囲みます（チャート完成イメージは35頁参照）。

第2章　自分のTPチャートを作ってみよう！　　57

ＴＰチャート作成の感想を書き出してみよう！

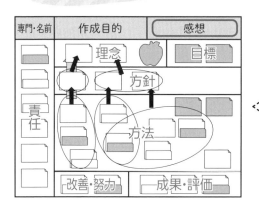

お疲れさまでした！

ついにＴＰチャートが完成しました！最後に感想をどうぞ！

ＴＰチャート作成の感想の書き方（作業時間2分）

> **やってみよう！**
> 「感想」にＴＰチャートを作成した感想を書き出しましょう。

　「ＴＰチャートを作ってみて気付いたことはあるだろうか？」「いまはどのように自分の教育活動について感じているだろうか？」など自分に聞いてみましょう。

　また、「感想」の左側にある「作成目的」に書かれたことは、達成されましたか？　併せて確認してみましょう。

（ペアがいる場合）感想について話し合おう！（8分）

> **やってみよう！**
>
> 書き出した長期目標と短期目標をあなたの理念と結びつけながら相手に説明しましょう。これまでと同じく、話し手・聴き手の役割に徹し1人3分程度の時間をとります。
> また、時間に余裕があれば、ＴＰチャートを作成した感想もシェアしてみましょう。

　目標を共有するときは、この先の行動についての決意表明のつもりで説明をするのがポイントです。

　聴き手は、否定せず、まずは受け入れてしっかりと聴きましょう。そして、気になるところがあれば、相手の理念を尊重しながら質問をしてみましょう。話し手と聴き手は、3～4分程度で交代します。

お疲れさまでした！

　以上でＴＰチャートは完成です！

　ふせんが貼られたＴＰチャートには、教育実践に対するあなたの「いま」の気付きが表れています。

　「思った以上に頑張っている」「感覚的だったことがはっきりと確認できて自信を持てた」など前向きな気付きを得た人もいるでしょう。中には「自分の理想に対し、できていないことが多い」という気付きもあるかもしれません。しかし、ここで重要なことは、自分の教育活動に向き合えたかどうか、ということです。

　いずれにしても、ＴＰチャートの作成をゴールではなく、よりよい教育の実践に向けた一歩ととらえ、「なりたい教師」に向かう「スタート」と考えるとよいでしょう。

第2章　自分のＴＰチャートを作ってみよう！　59

コラム

TPチャートの誕生の背景

　「ティーチング・ポートフォリオ（ＴＰ）」という大学教員の教育業績の評価資料および教育改善につながるツール（詳しくは本書 101 頁）がアメリカから日本へ初めて紹介されたのは、1990 年代のことでした。しかし、当時の大学では教育の質的評価が根付いておらず、かつ、ＴＰは作成するのが大変で、しかもそのよさは「作らないとわからない」ため、普及に至りませんでした。

　本書編者・栗田は大学の質保証機関にいた頃にＴＰと出会い、ＴＰを「大学教育の質向上の鍵を握る方法」ととらえ、作成研修の開発や講演などＴＰの普及に向けた活動を行ってきました。このときのＴＰのよさを伝える方法の一つが、ＴＰについて単なる一方向の説明とはせず、ＴＰの作成体験ワークを組み合わせた講演でした。このワークとは、「具体から抽象へ」という、教育活動から理念に自ら気付くプロセスを体験してもらうもので、このワークのために開発されたのがＴＰチャートなのです。本書では 2009 年の初期バージョンの開発以降、より教育の改善につながるように、本書編者・吉田と改善を重ねたチャートの最新版および作成方法を紹介しています。

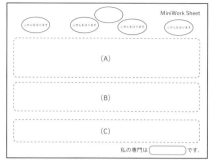 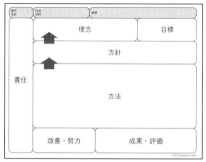

ＴＰチャート開発当時のバージョン（左）と最新バージョン（右）

第3章

作った
ＴＰチャートを
見直してみよう！

ＴＰチャートの作成、お疲れさまでした！

この章では、チャートを作成したあと、チャートの内容をより深めるための方法を紹介します。特に、チャートの「理念」と「方針」の部分に着目して内容を深めていきます。

もし、まだチャートを作成しておらず、チャートの活用例を詳しく知りたい方は、第4章をお読みください

作ったTPチャートを見直す

　ＴＰチャートの作成、お疲れさまでした！
　作成することで、「意外と自分はいろいろとやってきたんだな」「教師になった頃から考えていることは変わらないんだ」「まだ理念や方針が明確になっていない気がする」などの気付きがあったでしょうか。
　ＴＰチャート作成のキモは理念を明らかにすることですが、意外と書き出した理念があなたの理念を表していなかったり、方針・方法と対応づいていなかったりすることがあります。
　ここでは、あなたの本当の理念を見出すために、特に「理念」と「方針」を中心にＴＰチャートを見直す方法を紹介します。具体的には、理念自体をチェックする方法を３つ、理念と方針の対応づけをチェックする方法を２つ紹介します。以下、それらの方法について簡単にご紹介し、次項からそれぞれを詳しく説明します。

理念のチェック

【①「その理念は本当に理念か」チェックする】
　理念だと思っていたことが、実は方針で、理念ではなかった、ということがあります。そこで、「理念」に書かれている要素に対して、

- 「なぜその要素が大事なのだろうか？」

と自問自答してみましょう。答えがなければその要素は理念、あればその要素は方針です。

【②「その理念は方針に対応づけられているか」チェックする】

理念の中に、たとえば「幸せ」「楽しい」「おもしろい」というようなキーワードがある場合、少し抽象的なので方針との対応づけが難しくなりやすいです。そこで、そのキーワードに対して、

● 「○○とはなんだろう？」（○○は『幸せ』『楽しい』など）

と、自問自答してみましょう。それに答えることで、少し具体化された、「方針」にひも付けやすい理念が出てきます。

【③「理念同士の関係は何か」チェックする】

「理念」の要素が複数の場合、それらの要素に対して、

● 「それらの要素にはどのような関係があるだろうか？」

と、自問自答してみましょう。それに答えることで、要素の関係が明確になり、より深い理念を見出すことができます。

理念と方針のチェック

【①「その方針で理念が実現できるか」チェックする】

理念を実現するために必要な方針が足りないことがあります。そこで、書かれている理念と方針に対して、

● 「その方針で理念を実現できるだろうか？」

と、自問自答してみましょう。スムーズに答えられる場合はうまく対応づいています。そうでない場合は、理念を実現するための方針が足りないことに気付けて、新たな方針が見出せます。

【②「その方針は理念とどう関係しているか」チェックする】

理念と対応づいていない方針があることがあります。そこで、

● 「その方針は理念とどう関係しているだろうか？」

と、自問自答してみましょう。スムーズに答えられない場合は、実はまだ理念が隠れていることに気付けて、新たな理念が見出せます。

第3章 作ったTPチャートを見直してみよう！　63

理念のチェック①
その理念は本当に理念ですか？

　作成したＴＰチャートを見て、「理念と方針をうまく書き分けられているかな？」という疑問を持っているかもしれません。そこで、理念がうまく書けているかチェックしていきましょう。

　たとえ、「この理念はしっくりきている！」という感想を持っている方でも、このチェックを通して、気付いていなかったことに気付けることがあります。

　チェック方法は簡単です。
　まず、あなたが作ったＴＰチャートの「理念」の要素を見てください。そして、

「なぜその要素が大事なのですか？」

という質問に答えてみてください。

　答えがありましたか？　答えがなければ、その要素は理念の可能性が高いです。つまり、これ以上理由がつけられないということは、あなたが持つ教育に対する根源的な考えだと言えます。
　逆に答えがあれば、その要素は理念ではないかもしれません。なぜなら、より深い教育に対する考えが、その答えの中にあり、それが理念である可能性が高いからです。では、具体例を見ていきましょう。

【事例】「基礎の定着」はなぜ重要？

　たとえば、「基礎の定着」という要素を理念に書いている場合、「なぜ基礎の定着が重要なのか？」と自問自答してみましょう。

　もし、「生物のおもしろさを知ってもらうために基礎が必要」といった答えがあるとしましょう。

　つまり、「生物のおもしろさを知ってもらう」ためには、「基礎の定着」が必要だ、ということです。そうすると、「生物のおもしろさを知ってもらう」ことのほうが、「基礎の定着」よりも上位の概念になっていますね。

　そうすると、「生物のおもしろさを知ってもらう」が理念、「基礎の定着」が方針と言うことができるでしょう。

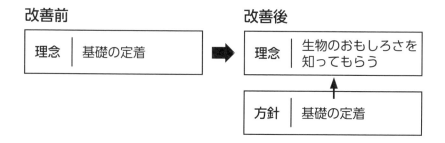

　ここで、「生物のおもしろさを知ってもらう」ためには、「基礎の定着」だけではなく、おもしろいと思ってもらうしかけが必要になるはず。そういう意味では、「理念と方針のチェック①」（本書 70 頁参照）で紹介するように、理念に対してまだ方針が足りない状態です。それでも、一つひとつ改善していくことが重要なので、一歩一歩進んでいきましょう。

　以上のように、書き出した要素に対して、「なぜ？」と問いかけて、それに対して答えがなければ、その要素は「理念」、答えが出てくれば、その要素は「方針」、と判別できるようになります。

第3章　作ったＴＰチャートを見直してみよう！

☑ 理念のチェック②
その理念は方針に対応づけられますか？

　前項の「理念のチェック①」のように、理念に対して「なぜ？」を繰り返していくと、これ以上理由が出てこない状態になります。
　そのような状態になることは重要なのですが、そうすると理念が「幸せになってほしい」「楽しく学んでほしい」など抽象的になり、方針との対応づけが難しくなりやすいです。
　たとえば、「幸せになる方法ってなんですか？」と急に言われても、なんて答えればよいかわからなくなってしまいますよね。

　そこで、抽象的な理念を少し具体的にすることで、より方針と対応づけがしやすくなる方法をお伝えします。
　理念に書かれた要素を見てください。そして、たとえば、「幸せ」「楽しい」「おもしろい」というようなキーワードがあったときに、

「あなたにとって『幸せ』『楽しい』『おもしろい』とはなんですか？」

という質問に答えてみてください。つまり、抽象的なキーワードを、もう少し具体的に説明してみてください。
　そうすることによって、自分が何をもって「幸せ」「楽しい」「おもしろい」と思っているのかがわかるようになり、理念と方針を対応づけやすくなります。では、具体例を見ていきましょう。

【事例】「幸せ」とは何か？

たとえば、「幸せになってほしい」という要素を「理念」に書いている場合、「幸せとはなんだろう？」と自問自答してみましょう。

もし、「好きなことを見つけて、失敗してもよいから挑戦し続けること」といった答えがあるとしましょう。

このように少し具体化された「幸せ」には、その人らしさが出てきており、方針との対応がつけやすくなります。つまり、「自分が考える生徒の『幸せ』をどう実現すればよいか？」と方針を考えることができるようになっていきます。

以上の内容をふまえると、方針も含めて、以下のようにチャートが修正されるでしょう。

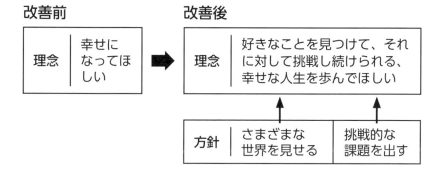

このように、抽象的すぎる理念を、少し具体的に考えることで、自分らしさが出てきて、自分らしい方針・方法を見つけ出すことができます。

「幸せ」「楽しい」「おもしろい」など抽象的なキーワードが出てきたら、何が「幸せ」「楽しい」「おもしろい」のかを考えてみましょう。そうすることで、自分の中で理念や方針がより明確になってきます。

第3章　作ったTPチャートを見直してみよう！　67

理念のチェック③
理念同士の関係を説明できますか？

「理念のチェック①②」までは、1つの要素に着目して、理念を見直してきました。1つの要素しかない場合は、これまでのチェックで見直しは十分ですが、要素が複数ある方が多いのではないでしょうか。

ここで、複数の要素がある場合、意外とそれらの関係性は明確ではありません。たとえば、「仕事を楽しむ」と「自分で考える」といった要素がある場合、それぞれ大事ですが、それらがどう関係しているかは実はあまり明確ではありません。

そこで、複数の要素の関係を考えることにより、より理念を明確にする方法をお伝えします。

「理念」に書かれた複数の要素のうち2つの要素（「○○」と「△△」）を見てください。そして、

「『○○』と『△△』にはどのような関係がありますか？」

という質問に答えてみてください。さらに、違う要素の組合せで同じ質問に答えてみてください。

そうすることによって、大事な要素のつながりが見えてきて、あなたがさらに大切にしている理念を見出すことができるようになります。

では、具体例を見ていきましょう。

【事例】「仕事を楽しむ」「自分で考える」の関係は？

　たとえば、「仕事を楽しむ」と「自分で考える」という2つの要素がある場合、「『仕事を楽しむ』と『自分で考える』にはどのような関係があるのだろうか？」と自問自答してみましょう。

　その質問に答えるには、時間がかかるかもしれません。その後、もし、「仕事をするときに、自分なりの価値を自分なりに考えて発揮することが、仕事を楽しむことにつながるんだ。自分なりの価値を発揮するのがなぜ大事かというと、世の中には多様な人がいて、それぞれがそれぞれの価値を発揮することでよりよい社会になるからなんだ」といった答えがあるとしましょう。

　その考察によって、以下のようにチャートは修正されるでしょう。

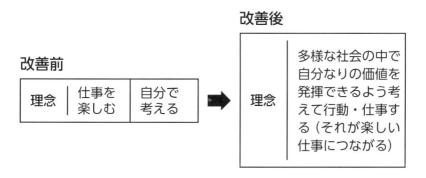

　このように、2つの要素の関係性を考えることによって、大切にしている理念により近付くことができます。

　3つ以上の要素（A、B、C）がある場合は、まず、AとB、AとC、BとCの関係をそれぞれ考えることで、理念を深めていきます。

　ここで、複数の要素が1つに統合されないこともあるので、1つに統合されないからといって気にする必要はありません。複数の要素の関係を考えることで、理念を深く理解するのが大事なのです。

　「理念」の改善後は、「方針」とのつながりも確認していきましょう。

第3章　作ったTPチャートを見直してみよう！　69

☑ 理念と方針のチェック①
その方針で理念を実現できますか？

　「理念のチェック②」では、理念を具体化して、方針と対応づけしやすくしました。次に重要なのが、本当に理念と方針が対応しているかをチェックすることです。
　ここでは、出てきた方針が理念を実現するために十分なのかをチェックしていきます。

　あなたが書いた「理念」と「方針」の要素を見てください。そして、

「その方針で理念を実現できますか？」

という質問に答えてみてください。

　「実現できる」と自信を持って答えられる場合は、理念に対して方針が十分に出ている状態で、理念と方針が対応づいていると言ってよいでしょう。
　一方、自信を持って答えられない場合は、理念を実現するために方針が足りない可能性が高いです。

　このように、自分がやりたい教育を表現した理念とそれを実現するための方針を対応づけて考えることで、これまで気付かなかった改善ができるようになります。では、具体例を見ていきましょう。

【事例】「自己肯定感を持って生きる」ためには「安心・安全な場をつくる」だけでよい？

　たとえば、「理念」に「自己肯定感を持って生きる」という要素があり、それに対して、「安心・安全な場をつくる」という方針が対応づけられているとします。

　そこで、「『自己肯定感を持って生きる』ためには、『安心・安全な場をつくる』ことで十分足りるだろうか？」と自問自答してみましょう。

　もし、「自己肯定感を持ってもらうためには、『安心・安全な場をつくる』ことに加えて、『小さな成功を積む』ことも重要だ」といった答えがあるとしましょう。

　そうすると、授業の中で生徒に「小さな成功を積む」機会を提供することが、理念の実現のためには必要だという気付きが得られます。

　そして、「授業内容の簡単な小テストをする」など、「小さな成功を積む」という方針に対応した新たな方法が見出されるでしょう。

　それをふまえると、以下のようにチャートが修正されます。

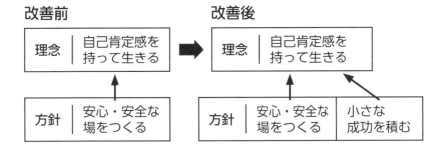

　このように、ＴＰチャートを一通り作成したあと、自分自身に「その方針で理念を実現できるか？」「理念を実現するために、書かれている方針で十分か？」と問いかけることで、これまで出ていなかった新たな方針に気付くことができるようになります。

☑ 理念と方針のチェック②
その方針は理念とどう関係していますか？

　前項の「理念と方針のチェック①」では、理念に対して方針が足りているかをチェックしました。そうすることで、いままで気付いていなかった新たな方針が見出されました。

　ここでは、それとは逆に、方針に対して理念が足りているかをチェックします。そうすることで、方針は出てきているものの、理念には対応づいていないことに気付き、新たな理念を見出せます。

　あなたが書いた「理念」と「方針」の要素を見てください。そして、

「その方針は理念とどう関係していますか？」

という質問に答えてみてください。

　理念と方針との関係をうまく説明できるのであれば、その方針と理念はうまく対応づいていると言えます。

　もし、うまく説明できない場合は、チャートに書かれている理念だけでなく、まだ隠れた理念がある可能性が高いです。

　このように、理念と方針との関係を意識することによって、意識していなかった重要な理念に気付くことができるようになります。では、具体例を見ていきましょう。

【事例】「学び方を学ぶ」「協調性を高める」と「自分で考えて行動できる」の関係は？

　たとえば、理念として「自分で考えて行動できる」があり、それを実現するための方針として、生徒が「学び方を学ぶ」こと、「協調性を高める」ことが対応づいているとします。

　そこで、「『学び方を学ぶ』と『自分で考えて行動できる』はどう関係しているだろうか？」と自問自答してみましょう。

　もし、「『学び方を学ぶ』ということは、生徒自ら目標を立てて勉強して、目標達成できているかを判断するため、『自分で考えて行動する』ことにつながる」と答えがあるとしましょう。そうすると、スムーズに説明できているため、対応づけがうまくいっていると言えます。

　では、「『協調性を高める』と『自分で考えて行動できる』はどう関係しているだろうか？」と自問自答してみましょう。

　もし、「あれ？　うまくつながらない……？」と思ったら、そこが考えどころです。そして、「社会の中では他者との関わりが必須で、『他者とともに生きる』ため、『協調性を高める』ようにしている」といった気付きがあれば、チャートは以下のように修正されるでしょう。

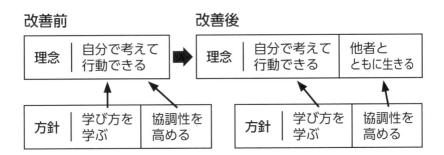

　このように、方針と理念の関係がうまく説明できない場合は、それらの関係性を考えることで、欠けていた理念を見出せます。

第3章　作ったＴＰチャートを見直してみよう！　　73

理念と方針の見直しのポイント

理念と方針の見直しに関するポイントをまとめておきます。

【理念をチェックする質問】

- なぜその要素が大事なのですか？

「理念」の要素について、「なぜその要素が大事なのか？」という質問に対して、答えがなければ「理念」、あればその要素は「方針」です。

- あなたにとって○○とはなんですか？（○○は「幸せ」「楽しい」など）

「幸せ」「楽しい」「おもしろい」など抽象的なキーワードが出てきたら、何が「幸せ」「楽しい」「おもしろい」のかを考えてみましょう。そうすることで、自分の中で理念や方針がより明確になってきます。

- ○○と△△はどのような関係ですか？（○○は△△は要素）

要素同士の関係性を考えることによって、大切にしている理念により近付くことができます。

【理念と方針の対応づけをチェックする質問】

- その方針で理念を実現できますか？

理念を実現するための方針が十分にあるかをチェックすることで、欠けていた方針を見出すことができます。

- その方針は理念とどう関係していますか？

理念と方針の関係がうまく説明できない場合は、それらの関係性を考えることで、欠けていた理念を見出せます。

第4章

ＴＰチャートで
授業が生徒が
こんなに変わった！

ＴＰチャートとはどのようなものか、だいぶ理解が深まってきたことと思います。
第１章では、ＴＰチャートによってどのような変化が見られたかをダイジェストで紹介しました。

この章では、それらの事例をさらに詳細に追っていくことで、ＴＰチャートの持つ可能性に触れていただきます。「理念」や「方針」がどのように整理され、それがどのように「方法」の改善に結びついていったのかに着目してお読みください。

TPチャート作成で「なりたい自分」が見えてきた！

井上 太智（公立中学校教諭・理科）

新任校への転勤で悩んでいた自分

　ぼくは中学校の理科の教員で、もともと、上越教育大学の西川純先生が提唱している『学び合い』という考え方に基づくアクティブ・ラーニングをずっと実践してきました。

　昨年、新しい中学に赴任して、新任校でもアクティブ・ラーニングをやろうとしたら、生徒とうまくいかなくなり、授業実践も、生徒との関わり方も、働き方も、全てに悩む状態に陥ってしまいました。

　大切にしているものは、自分の中に確かにある。でも、うまく表現できない。生徒やほかの先生とも共有できない。それがつらくてもがいていたところ、紹介されたのがTPチャート作成のワークショップでした。

　TPチャート作成が自分の理念・方針・方法を明らかにする手法と聞いて、「自分のよりどころが見つかるのではないか？」と思いました。そんな可能性を感じながらTPチャート作成に取り組むことになりました。

　TPチャートを作ってみて感じたのは、「自分の軸＝悩んだときに自分が戻れる場所」を見つけた安心感でした。自分なりの理念が整理できたことは、自分の授業実践や生徒との関係が変わる、すごく大きなきっかけになりました。

あれ？　ちょっとちがうかな？

　実際のＴＰチャート作成では、どんどん自分の「責任」や「方法」を事実から書き出していきます。その辺りは気楽にたくさん書き出していきました。

　「理念」や「方針」を書いていくところでは自己内対話が必要で、これは「理念」かな「方針」かな、と悩みながら整理をしていきました。そして、整理していく中で最終的にはっきりしてきたぼくの理念は、

1　学ぶことは楽しい
2　学び方を学ぶ
3　自分を大切にする。相手を大切にする。一人ひとりに価値がある
4　社会は自らの手でつくることができる

という4つでした。

　そして、これらの理念から見たときに、理念とひも付いていない実践（生徒との関わり）をたくさんやっていたことに気付きました。

　たとえば、クラスには日直の仕事を点検し、合格できなかった場合は、次の日も日直をしなければならない制度がありました。また、教師が学級のルールや給食・掃除のシステムを示し、生徒達を日常的に管理していました。学校であたり前になってしまっている、管理を前提とするやり方に疑問を抱かずにいたのです。でも、はっきりとしてきた自分の理念に照らし合わせてみると、「ちょっとちがうかな？」と思うものがいろいろありました。

　そして、整理する中で、自分が本当に大事にしているものが見えてきました。

　ぼくには何人も尊敬している先生がいます。たとえば、北海道の過疎の村で教育実践を重ねてきたある先生は「この教室が未来の村だ」と語ります。福島のある先生は、震災からの復興といま自分のやっている教育とのつながりを語れます。そういう人は、身をもって経験し

第4章　ＴＰチャートで授業が生徒がこんなに変わった！　　77

たことから子どもに自分の考えを語っていると思います。それはすご
いことだと思います。

　思うけれど、ぼくはそのトーンでは語れません。そういう先生みた
いになりたいと思うと自信をなくしてしまいます。

　ＴＰチャート作成であらためて見えてきたことですが、授業が中学
校時代につまらなかったことが、ぼくの根っことして非常に大きかっ
たということに気付きました。授業や学校が楽しくありたいなという
ところが自分の中でとても大きい。ぼくが語れるのは授業で楽しいな
あと思うことや、楽しさを共有したいということ、それが自分にとっ
ては大事、だからそれがぼくなりの理念なのだなと気付きました。

　学ぶことが楽しかったら、子どもたちはそのあともずっと学び続け
てくれる。そして、そういう子どもたちが社会をつくっていけるよう
になることが、自分の目指したいことなのだと腑に落ちました。

ＴＰチャートで自分らしさが見えるように

　いま思い返すと、ＴＰチャートで自分の理念がはっきりして、自分
らしくあることができるようになったのはすごく大きなことでした。
自分らしくあることが大事といまは思えます。**前は「あんなふうにな
りたい」というのがなりたい教師像でしたが、いまは自分らしい教師
になりたいと思えます。**

　転勤して中３にぽんと担任に入って、ぜんぜんうまくいかなくて
悩んでいたときは、自分らしさを見失っていたと思います。『学び合い』
によるアクティブ・ラーニングでは「１人も見捨てない」ということ
が基本理念になっているのですが、でも、なんとなく自分はその言葉
にしっくりきていなくて。それなのに、生徒には何かあるごとにそれ
を語っていて、言葉のひとり歩きになっていました。子どもたちから
したら、突然来た人に「１人も見捨てないようにしようよ」と言われ
ても、「この人何言ってんだよ」という感じだっただろうなと、いま

ならわかります。

　むしろ、「うちの子はさあ」とか自分のことを話したとき、自己開示したときに、子どもの心が動く感じがして、それで、自分の思っていることを語ったり、自分の家のことを話してみたりして、だんだんに生徒との関係が変わり始めました。

　さらに、そこでＴＰチャートを作ったこともきっかけになって、自分の理念の部分まで生徒に自分の言葉で話せるようになっていきました。

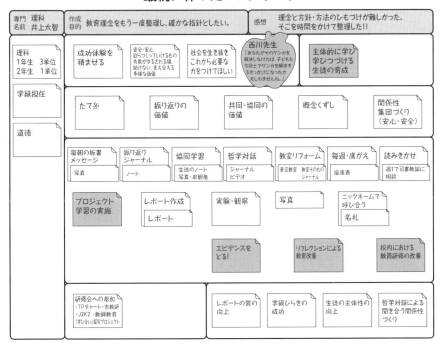

最初に作ったＴＰチャート

第4章　ＴＰチャートで授業が生徒がこんなに変わった！

ＴＰチャートで授業改善を
生徒と共有できるようになった！

ＴＰチャートで理念がはっきりしたことで、自分が授業でどの実践や課題を何の理念の実現のためにやろうとしているかを明確に意識することができるようになっていきました。

すると、**授業の課題や進め方で悩んだときも、理念や理由を伝えながら、こちらから子どもに相談したりすることができるようになりました**。これは、それ以前と比べるとものすごく大きな変化でした。

以前は授業で提示する生徒への課題を１人で悩んで作っていました。アクティブ・ラーニングに取り組んでいる先生の多くがそうではないかと思います。そして、生徒には課題だけを提示していました。

でも、いまは、課題を示すときに、同時になぜそういう課題にしようと考えたかという理念や目的も語れるようになり、「こういう目的なんだけど、どっちの課題にするのがいいと思う？」と生徒に課題の設定のしかた自体を相談できるようになりました。

たとえば、発表してもらうにしても、クラス全体に発表するか、小グループの中で発表するかと、以前は１人で悩んでいました。でもいまは、「こういう目的でやりたいけれど、グループの中で発表するのと、全体に発表するのどっちがいい？」と生徒に相談したり、そのことについて生徒と議論したりすることができるようになりました。

これが何も目的を示さずに「どっちの方法がいい？」と聞かれても、子どももあてずっぽうにしか答えられないでしょう。でも、目的をはっきり伝えられれば、子どもも的確に考えることができます。

たとえば、以前は５時間の授業の課題なら、１時間に１つずつ、５つのスモールステップにして与えていました。でも、本当は、

1　５時間で５つのステップ

2　５時間でもう少しくくりの大きい２つぐらいのステップ

3　５時間でこの最終目標を達成できるなら全部任せるよ

という3つぐらいに分けた課題設定をしたいと思っていました。しかし、生徒が初級・中級・上級に分けられたと感じてしまうだろうかと悩んでいました。

そこで、「みんなの選択肢を増やしたいと思っているからこんな課題にしたいと思っているけれど、違和感あるかな」と生徒に聞きました。

すると生徒たちから「自分にとっていいと思える課題を選べるのはいいんじゃない？」という反応が得られたので、そうすることにしました。

こういうふうに、子どもからのフィードバックで前に進めるようになりました。いまは悩むことがあると、「生徒に聞いちゃったほうが早いや、一緒に考えよう」と思えます。前は1人で悩んでいました。いまは生徒と一緒に考えられるから、すごくラクです。

授業でものすごく変わった子どもたちの反応

いま授業はめちゃくちゃいい感じになっています。授業は子どもと一緒に遊んでいる感覚で、子どもたちの変化を感じます。子どもたちにとっても、授業が教師から無理にやらされるものというより、いい意味で一緒に遊んでいる感じになってきているのではないかと思います。この半年で、学ばされている感じがなくなってきました。

ぼくからの課題の出し方も、先ほど書いた3つのコースに分けてやっていますが、うまくいっています。多くのアクティブ・ラーニングの授業で1時間につき1つの課題を与えていると思いますが、それに加えて5時間でもっとざっくりした2つぐらいの課題をやっていくというのと、こちらから課題を出さずに、5時間で達成してほしい目標を示して、目標達成の方法は任せるよというやり方の、3つのコースに分けています。それで、「自分の学び方を大事にして、5時間後にみんな目標達成してね」という感じで、どのコースを選ぶのか

第4章　ＴＰチャートで授業が生徒がこんなに変わった！　81

も生徒に任せています。

　そうすると、こちらが課題をいちいち設定していたときよりも、子どもがどんどんおもしろいことを始めて、どんどん目標を達成していきます。子ども自身が「なんだろう？」と思ったことをその場でどんどん実験していて、おもしろい実験をやる子がどんどん出てきて、つられてやる子も出てきています。

　半年前、やらされ感が強かったときは、生徒たちはチャイムが鳴る頃には、ちゃんと片付け終わっていてすぐに帰っていく感じでした。それがいまは、休み時間ぎりぎりまでわいわい言いながら実験をやっていて、次の時間に遅れそうになりながら慌てて帰っていきます。

　自分の悩みを生徒に共有して、お互いに試行錯誤しながら自己開示していったのが子どもたちにとっても大きい出来事だったかもしません。

　こういう課題もできるかな、どうかな、と生徒に相談して、試しながら、もうちょっといけるかなと生徒に任せる部分を広げていって、自分も生徒もお互いに自分らしくやれるようになっていきました。

　そうすると、生徒自身がどんどんおもしろいことをやってくれるから、「みんなすごいね〜。めちゃくちゃいいよ〜！」とこちらも素直に思うし、言える。子どもたちも普通に「うんうん、俺いいよね」みたいな感じに受け止めているし、教室の雰囲気はすごくよくなりました。

　それから、ＴＰチャートで自分の理念をはっきりさせることができたことで、授業改善ということだけでなく、生徒と何を話すかというのも変わってきました。

　たとえば、「社会は自らの手でつくることができる」という理念を掲げているから、いまは選挙の話もみんなの前でします。「みんなは選挙権をまだ持ってないけど、先生は今週、選挙に行くんだよ」と話したりしています。「先生はどこに入れるの？」と聞かれて、「先生ならどこに入れそうか予想してみてよ。いろんな候補者の言っているこ

とを聞いて、自分なら誰に入れたいか考えてみて」と話したりできるようになりました。

　ＴＰチャートは、自分らしさがすごく出てくる、自分らしさがつまったものだと思います。堅い人は堅いＴＰチャートになるでしょうし、ゆるい人はゆるいＴＰチャートになるでしょう。**ぼくにとって、自分らしさを見つけ直していく一つの大きなツールになったと思います。**

現在の井上先生のＴＰチャート

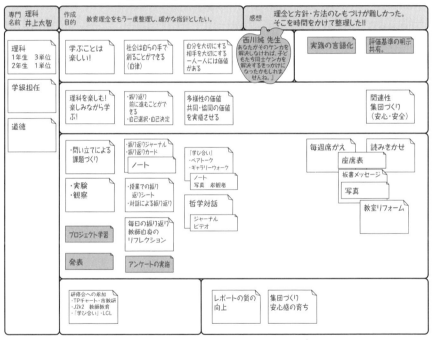

第4章　ＴＰチャートで授業が生徒がこんなに変わった！

TPチャート作成で授業設計が変わった！

沖 奈保子（公立高校教諭・国語）

活動が目的になっている？「深い学び」の実践に向けて

　教師になって10年経ったころ、研究授業を参観してくださった年配の先生から「予備校みたいな授業ですね」と言われました。計画された板書、用意された発問、それに応じる生徒。決して授業を否定する発言ではなかったのですが、胸にずしりときました。一番勉強しているのは私で、生徒は与えられたものをこなしているだけのように思えてきました。

　この発言をきっかけに、「生徒が学びの主人公」となる授業を実践するようになりました。

　数年間実践を重ねるうちに、生徒同士が互いに学び合う授業への手ごたえを感じるようになりました。その一方で、別の不安が生じてきました。生徒は私の指示に従って話し合いをさせられているだけなのではないか、はたしてこの授業は「生徒が主体的」と言えるのだろうか……と。

　ちょうど世間では「主体的・対話的で深い学び」（アクティブ・ラーニング）の視点による授業改善が提唱され始めました。生徒たちが生き生きと学ぶ授業とはどうあるべきなのか。同じような悩みを持つ先生方が集まり、自身の授業について対話をする場を持つ機会に恵まれました。そのときに、授業実践を明確化できるＴＰチャートのことを知りました。

そもそも「学びの主人公」とは？

　ＴＰチャートでは、自分の実践を客観的に理解するために授業に関わる全ての事柄を書き出し、それが生徒の主体的な学びに結び付いているかどうかを確認していきました。

　ＴＰチャートを作成していく中で、次第にある疑念が生じてきました。そもそもこれまで私が授業理念としてきた、「生徒が学びの主人公」という言葉に違和感を持つようになったのです。私は「生徒が学びの主人公」という言葉を好んで使っていましたが、「生徒が主体になる」と言うとき、それは漠然としたイメージであって、いったいどういう活動をしていたら「主体的」で「主人公」であると言えるのか、そうした具体的な事柄には置き換えていませんでした。

　何をもって「生徒が学びの主人公」と言えるのか、自分の中でまったく明確ではなかった、ということに気付いたのです。これには愕然としました。

　具体的にどういう活動を行えば生徒が主人公と言えるのか。もちろん、生徒がわいわいと自ら問題解決をしていく授業という姿も思い浮かびます。しかし、それ以前に授業の枠組みそのものを生徒が決めていく、国語の授業を通じて何を身につけたいのか、達成したい事柄を生徒自身が決めていく。目標設定や授業設計に生徒が参画していくのが主体的な学びなのではないかという思いに至りました。

　年間で扱う教材は決まっています。しかし、目標は扱う教材や単元を通じて教師が設計していきます。その指導計画そのものを生徒のニーズに合わせて、生徒と一緒に設計する。これこそが、生徒主体の学びなのだと思ったのです。

　そこで、国語力についての自己評価アンケートを取ることにし、その結果をもとに年間指導計画を設計することにしました。

第4章　ＴＰチャートで授業が生徒がこんなに変わった！　85

生徒の気付き、発見を課題そのものとする授業をつくる

　さらにもう一つ、ＴＰチャートを作成する中で、なぜ生徒の主体性を大切にしたいと思う私がいるのだろう、ということも考えました。すると、その理念を持つに至った自己の原体験がよみがえってきました。

　私は学生時代、古典作品の中から多くの疑問を発見し、先行研究や多様な史料をもとに探究したことで、いままで体験したことない学問の歓びを味わいました。学ぶことは楽しく、学びは「好奇心」と「発見」によってもたらされるもの。そのときの体験が、私の授業の実践（方法）の核になっていることが明確になりました。

　（理念）「主体的に学ぶ人を育成する」
　→（方針）「主体性に基づく授業」
　→（方法）「気付き・発見が中心の授業」

　生徒が「学びの主人公」となる授業とは、生徒自身が「好奇心」を持ち、あらゆる現象に対して自分なりの「気付き」を大切にし、また疑問点を「発見」していく授業。それこそが、自分の求めている授業です。

　ＴＰチャート作成後、「理念―方針―方法」の軸が見えたことで、授業へのアプローチががらりと変わりました。「この教材をどう扱うか」を迷ったら、まずは生徒の現状を示したアンケートに戻ります。どんな力を身に付けたいと思っているのか、その力を身に付けるのに効果的な教材は何か。教材が持っている特徴を活かして、生徒の身に付けたい力を達成する。授業の設計がシンプルで明快なものになっていったのです。

ＴＰチャート作成後①　授業目標のスリム化へ

　ＴＰチャート作成後、まずＴＰチャートに書いた「理念―方針―方

表1　自分のＴＰチャートを見やすく表にしてみたもの

大きな理念	理念	方針	方法（授業者が現在行っていること・行おうとしていること）	
幸せになるために	1 主体的に学ぶ人を育成する	A 主体性（好奇心）にもとづく授業	a	グループワークを必ず取り入れる
			b	気付きが中心の授業
			c	問いをつくる
			d	生徒が課題を決める
		B 受容する態度（好奇心を伸長する）	a	傾聴
			b	否定しない
			c	いいねと言う
		C ゴール設定	a	目標を必ず伝える
			b	できたことに視点を向けさせる
	2 基礎学力の保障	D 力の可視化と定着	a	週末課題を配布
			b	文法確認シートを用いたペアワーク
			c	ノートに書く（積み重ね）
			d	小テストを行う
			e	音読。説明させる
	3 勉強っておもしろい（学問の魅力を伝える、知る、獲得する）	E 研究のおもしろさの保障	a	比較と統合
			b	教材を探す
			c	古文を「楽しく」伝える
			d	ワークシートの工夫

法」の３つの部分を表にまとめてみました（表1）。

　これをもとに、高校１年生の現代文の実際の単元計画に、これらの方法が、どの箇所にどう該当するのかあてはめていきました（表2）。単元計画が、ＴＰチャートに書いたことと合致しない場合には、私の

表 2　単元と理念 ― 方針 ― 方法の対応

	生徒の課題意識に もとづく単元設定	授業者が設定した教材と 目標	関連するＴＰチャートの 理念 ― 方針 ― 方法
4 月	論の組み立てを意識 して書く	「水の東西」を読む。 二項対立を学ぶ。	1－A－a 1－B－b、c 2－D－c、e
5 月	「問い」を設定し、解 決する	『羅生門』を読み、生徒自ら 問いを立てる。問いをグルー プで解決し、主題をつかむ。	1－A－a、b、c、d 1－B－a、b 2－D－c

理念とずれが生じているので、単元計画の改善が必要になります。

　表 2 を作成したのは『羅生門』の授業の直前でした。

　このように表にして照らし合わせていくことで「この単元ではこの方法は余分だな」とか、「この方法が抜けていたな」など、過不足が一目瞭然になりました。教材の特徴に応じたバランスのよい単元目標の配置によって、毎時ごとの授業目標が計画的に設定され、目標のスリム化が実現できました。

ＴＰチャート作成後②　生徒が「主体」の単元目標へ

　そしてＴＰチャート作成後に、すぐに行ったことがもう一つ。前述した、生徒の現時点での国語力を測る「自己評価アンケート」の実施です。国語の授業を通じてどのような力を身に付けるとよいのか現状を把握し、その結果をもとに授業設計をしていこうと考えました。

　国語の授業で扱う 30 項目の目標に対し、現状を 4 段階（1：苦手であり全くできない、2：苦手でありあまりできない、3：得意ではないができる、4：得意である）で記入してもらいました。さらに自由記述欄を設けて、この授業で達成したいことを書いてもらいました。その結果が表 3 です。

表3 授業前アンケートの結果

(抜粋、数値は1と2と回答した人の割合。アミの行は5割を超えた項目)

実行力	さまざまな状況の中で「問い」を適切に設定する（問題発見力）。	62.8%
	さまざまな状況の中で問題を適切に解決する（問題解決力）。	51.3%
判断力	検索した情報がどの程度信頼できるものか判断する。	34.6%
	教科書に書かれていることや教師の説明を鵜呑みにせず疑う。	60.3%
	教員の指示がなくても自ら判断し行動する。	59.0%
コミュニケーション	相手の意見に疑問を持ちながら聞く（聞く力）。	20.5%
	相手の状況や立場を判断しながらわかるように話す（話す力）。	30.8%
	自分の考えを他者に適切に伝える。	39.7%
	人前で物怖じせずに発表する。	50.0%
	わかりやすくプレゼンテーションを行う。	56.4%
	自分の考えや文章の内容をわかりやすくまとめる（書く力）。	52.6%
	論の組み立てを意識して書く（書く力）。	48.7%
	語や語句の表現を工夫して書く（書く力）。	55.1%
	登場人物の心情や情景をふまえて読む（読む力）。	32.1%
	本文の抽象的な語句、文を具体的に言い換えながら読む（読む力）。	64.1%
	主張に対してなぜかを説明できるように読む（読む力）。	51.3%

自由記述欄（抜粋）

・いろいろな背景や伏線などに注意して文を読む。
・僕は読む力や聞き取る力や自分の考えを話す力が弱いのでそれを身に付けたい。
・書く力（自分の考えをわかりやすく伝える力）を付けたい。
・ただ文章を読み、書くのではなく、自分の言葉で人に説明できるようにしたい。
・適切に読み取る。また自分の意見を簡潔にまとめ、人の意見も楽しむ。

　集計の結果、現時点で各項目に1または2と回答した生徒の数値を出してみると、それぞれの項目にばらつきがありました。そこで、生徒がまだ身に付いていないと思っている項目を積極的に取りあげていこうと考えました。国語の場合、年間を通じて扱う教材は決まって

います。通常、単元目標は教材の特徴をふまえ教師主導で決めていくのですが、生徒の現状および自由記述のニーズに合わせて単元目標を作っていくことにしたのです。

　このようにＴＰチャートの作成を通じて、授業者の単元構想と生徒の目標を一体化することができ、生徒の主体性にもとづく授業方針が実現するようになっていきました。

　その後、１学期の終了時に、生徒に同じ質問紙を配りました。その結果、それぞれの項目における数値はクラス全体としても、個々人のレベルでも大幅に改善されました。生徒の課題意識が改善されたことで、「国語」が好きだ、という生徒も増え、授業に取り組む意欲も大幅に変化していきました。

　そして１学期の授業がこのアンケートの結果にもとづいていること、生徒のニーズに合わせて設計したことを生徒に伝えました。生徒たちは自分の「なりたい」が知らない間に授業に反映されていたことを知り、「わー」「そうだったのかー」という驚きと好意的な反応がわき起こりました。そして、「２学期もあなたたちができるようになりたいことをできるようにする授業にしていくよ」と伝えると、国語の授業に対し、とても前向きに受け止めてくれました。

私の内面の変化・ＴＰチャートを通じた授業改善

　ＴＰチャートを作成して、自分の内面が大きく変化したと思うのは、授業に対して「ぶれなくなった」ということです。ＴＰチャートを作ると、自分の教育理念が明確化でき、なぜ自分がこの方法を選んでいるのか人に伝えることができるようになります。

　たとえば、生徒に「あなたたちができるようになりたいことを実現する授業をつくっているよ」と伝えたり、ほかの先生から自分の授業について何か言われても「私はこういう理念を実現したくてこの方法を

とっているのですが、その理念の実現のためによりよい方法があります
か？」と言うことで建設的に議論ができるようになります。

　私はいま、管理職や同僚などに授業を見学してもらう際、88ページ
にある表2と同じ内容の「生徒自身の課題意識に基づく単元設定」のペー
パーを授業前に渡すようにしています。授業改善に向けた効果的なアド
バイスをもらうためには、この授業がどのような理念にもとづいている
のかを知ってもらったほうが前向きな議論ができると考えているからで
す。

　また理念の共有にもとづく授業見学は、教科の枠組みを越えた対話
を可能にします。理念・方針を共有できていれば当該科目の学習内容
を知らない他教科の教員とでも対等に話し合うことができます。

　どんなものごとも改善するときには、他者との建設的な対話なしに
は不可能です。授業改善も同じです。

　**ＴＰチャートで理念を明確化することが、教科のみならず校種を越
えて教育に携わる全ての人々と、授業の改善に向けた対話を可能にす
る**と言っても過言ではありません。ＴＰチャートは授業を改善しよう
とする教員の在り方を見つめ直すための、魔法のツールなのです。

第4章　ＴＰチャートで授業が生徒がこんなに変わった！　　91

TPチャート作成によって、自分の目指していることがはっきりした！

中澤 啓一（私立中高一貫校講師・理科）

理想に燃えて教師になって

　実は、私は教育実習で教師になることを諦めてしまったという過去を持っています。授業でどれだけかみ砕いて、繰り返し説明しても、全然理解ができない生徒がいることに愕然としてしまったのです。まったく理解度が異なる生徒たち。誰に授業をすればいいかわからなくなってしまいました。

　自信をなくした私は教師になることに挫折し、一度は研究の道に進みました。しかしあきらめきれず再度の挑戦で教師になったのは、都立高校の大野智久先生との出会いが大きなきっかけでした。

　大野先生に最初に話を伺ったときは唖然としました。大野先生はほとんど講義をしないというのです。後日、授業見学に伺うと、プリントの課題にモリモリ取り組み、必死に教科書を見ている生徒たちの姿がありました。しかも互いに質問したり教えたりして、生徒同士で学び合っています。大野先生の話も生徒の様子も衝撃的でした。

　理解度が違う生徒がいても、その生徒同士がつながることで、自分で理解を深められる授業。一斉講義型の授業しか知らなかった私はあの教育実習を思い出し、これに人生をかけよう、と思いました。そして教員になり、大野先生のような授業を実現したいと願って、必死で仕事をしてきました。

　しかし、現実はうまくいきません。「自分はこうしたい」という気持ちがあるけど、生徒から反発される。あるいは生徒が乗ってこない。

「自分はこれから教員としてやっていけるのか？」と不安でした。そんな中で、ＴＰチャートを作る機会があり、取り組むことにしました。

初めてのＴＰチャートづくり

初めてのＴＰチャート作成の感想は「いままで使ったことがない頭の部分を使って、自分の頭の中を自分で丸裸にしていく感じ」でした。

ＴＰチャートの作成は、各項目のところに、あてはまることをふせんに書いて貼り付けていくというものです。各項目を何分で書き込むか目安が決まっています。個々の箇所の作業時間は短く「もっと時間がほしい！」と思ったのですが、終わってみるとこれでよいのだろうと納得しました。瞬時に浮かんだ言葉こそ、ホンモノだと思います。お酒で少し理性を吹っ飛ばした方が、本質的な議論が深まる感覚と似ていますね (笑)。

新鮮だったのは、自分の教育実践の一個一個の理由を考えること。作業全体を通して凄まじい収穫があり、前向きな気持ちになれました。

作り終えたチャートを見渡して気付いたのは、自分の「行動」と「考え」がリンクしていないということでした。「これは大事だ！」と軸にしているつもりだったことが、全然実践できていなかったのです。

私は４月の授業設計時に「自分の頭で考える」「みんなで学ぶ」を大事にしようと考えていました。ところが、毎日の授業準備、定期試験までに範囲を終わらせるプレッシャーに追われているうちに、この２つが意識から抜けてしまっていました。それでも口では「みんなで学ぶことを大事にしよう」と言っていたので、支離滅裂でした。

一方、「自分の行動」をもとに方針や理念を探っていく過程で「へえ、実はこんなこと考えてたんだ」という発見もありました。

そのきっかけになったのが「方法」のところに貼った「開始終了時間の厳守」「あいさつ」というふせん。「そもそも時間厳守とかあいさつって何のためにやっているんだろう？」という疑問が生じました。ＴＰ

第4章　ＴＰチャートで授業が生徒がこんなに変わった！　93

チャート作成時に出てきたのは「ルール徹底」「常識を持った人」というワードでした。「常識を持った人」という言葉が出てきたことには自分で驚きました。なぜなら、私は以前、大野先生が仰っていた「ふつうはどこにもない、正しさはどこにもない」という言葉に深く共感を持ったはずだったからです。

　いろんな生徒がいるのに、教師の常識を「ふつうはこうする」と生徒に押し付けたら、それは相手にとって拷問になりえないか？　そんな疑問がわき、そして気付きました。「常識を持った人」は自分の方針ではない。「礼儀を大切にする」が方針だと。

　このように、**TPチャートで出てきた言葉から問いが生まれる**、ということがわかりました。

1回目のTPチャート

専門	生物	作成目的	気づきを得るため　実践から理念を明らかにするため。	授業改善	感想	思っていることとやっていることが一致していないことに気づいた。改めて、ゆっくり考えなおしたい。
名前	中澤啓一					

H2	生物基礎
H1	科学と人間生活
M2-ms	理科2
M2-SG.4	理科2
M2	理科実験
	研究活動
	テスト作成

人と助け合う　複数の視点をもち幸せに人生をきりひらく　自分の頭で考える

考える力をつける　単なる調べ学習でなく皆で考える問い

新しい視点の提供　問答を通して新しい視点を得る　生物のおもしろさシェア　理解　考える力をつける　教員の授業改善　常識をもった人　ルール徹底

講義　シラバス　正解のない問い　グループワーク　生徒がとりくんだ回答　同期・先輩教員への相談　開始終了時間の厳守

プロジェクター＋板書で授業　スライド資料　今日の一品　写真　生徒同士の情報交換共有を促す　アンケート　授業終了5分前に振り返りシート記入　生徒の振り返り一覧　あいさつ　生徒にきく

最新の研究について紹介　スライド　質問に対する返答　文字におこす（記録）　動画で記録　課題プリント数人でも1人でも可　資料現物　机の整理タスク

教員向けゼミ参加　J2K2　参加報告　報告資料　振り返り実施　生徒質問へ返答　生徒の振り返り一覧　一部生徒からのわかりやすい・面白いという感想　大野先生　板山先生　福田先生　鍋田先生

「主体的な学び＝講義をしちゃいけない」ではない

　４月から参加していた、授業改善を協働で行う教師の集まり（栗田先生、吉田先生もアドバイザーとして参加されていました）では、これ以降は、ＴＰチャートをもとに対話を通して授業改善を図ることができました。

　まず、私は「生徒の主体的な学びのためには、講義をしないほうがいいのではないか」と考えていました。その結果、生徒から「なんで講義をしないのか」と反発にあっていました。授業ごとに生徒に「振り返り」を書いてもらっていましたが、そこに書かれる私への批判は、なかなか精神的にこたえるものでした。

　そんな中、話し合いの場で栗田先生から受けた「何かを考えさせるとしても、材料のインプットなしでいきなり話し合いスタートでは無理」「スモールステップが大事」というアドバイスは刺さりました。

　これをもとにして、作成したＴＰチャートを整理した結果、「講義」は「新しい視点を提供する」という方針のために取っている方法であること、「考える力を付ける」という方針は別の方法で行っていることが確認できたので、「別に講義することは悪いことじゃない」「むしろ、時と場合に応じては入れたほうがいいのでは？」という気持ちになっていきました。

　「講義をたくさんしたらまずい」という固定概念が崩れていきました。

一皮剝けたのかも!?

　夏休み中の２学期の授業設計では、「１学期は一斉授業中心になってしまったクラスでも、２学期からは生徒が自分たちで学んでいく活動中心の授業スタイルにしよう」と決意しました。

　基本的な設計は以下の通りです。「ミニ質問コーナー」→「語り」→

「必要最小限の講義」→「生徒たちの学びの時間」→「振り返り」。「目標」と、目標達成のための「課題」を提示。そして生徒たちの活動を評価。生徒は「振り返り」で自己評価＋「疑問に思ったこと、考えたこと」を書く。2学期は基本的にこの流れで全授業をまわし、クラスの反応に応じて変えていこうと考えました。

2学期一発目の授業では、授業の方針を変える理由と方針を、プリントを配って説明し、早速課題プリントを配り、授業を行いました。その結果、びっくりするくらいモリモリ学ぶ生徒の姿を見ることになりました。「おお！　この子が！」という場面も。私の下手な講義メインの授業が、いかに生徒の主体性を奪っていたかをまざまざと実感した瞬間でした。

授業のスタイルもそうですが、1学期は私が混乱していたから生徒も混乱していたのだと思いました。ブレブレで矛盾に満ちた私の言動のおかしさを、生徒たちは簡単に見抜いていたと思います。

授業の方針説明では「お！　単純明解！」という生徒から声があがる場面もありました。「振り返り」の中の、「この時間の充実度は？」という問いにも、私が授業中に感じた雰囲気と同様、充実した生徒が多かったという結果でした。

「ああ、今日はもしかしたら教員として一皮剥けたのかもな」と自己評価できる感覚がありました。

失敗しても問題ないよ

そして、2学期に入ってから、2回目のTPチャート作成に取り組みました。1回目に作成したチャートはあえて見ずに取り組みました。

方法を書き出す段階で、1回目とは違うワードがどんどん出てきました。2回目のTPチャートには「自分を認める」「他者を認める」という理念と、**「失敗を恐れない、失敗は悪いことじゃないことを自ら示す」**という方針が出てきました。これらの言葉が出て来た背景には

2回目のTPチャート

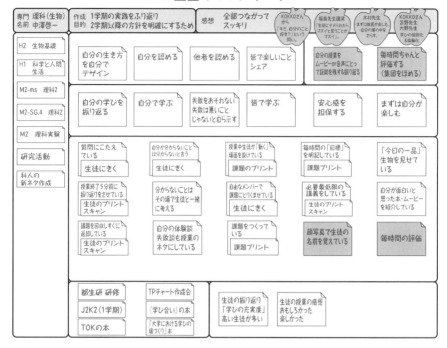

　大学院の恩師である福田公子先生が大きく関わります。
　「キミ、自分のこと好き？　自分の嫌な部分も含めて自分のこと認められる？」「生徒の前で自分をさらけだせるかどうかだよ」「キミが発展途上で失敗ばかりしているから、生徒も安心して失敗できるんじゃない？」など、胸に刺さるどストライクな言葉をかけてくださり、私に大きな影響を与え続けている大切なメンターです。この方針をもっと重視しようと思いました。
　そこで私が行ったことの一つが、高校の授業での「生徒がチームでプランを立て実行する実験」です。内容としてはキューネ発酵管を使った、酵母菌のアルコール発酵の観察です。
　この手の実験では、教師が目的と決まった手順を提示し、生徒はそ

れにのっとって全員が同じ操作をして期待されるデータを得るのが一般的です。教師は予備実験をして、生徒が実験を成功させるよう、注意すべき点を洗い出しておくものです。しかし、これでは「失敗を恐れない精神」が身に付くとは思えません。何より、実際の研究はトライアンドエラーを繰り返して学んでいくものです。

失敗を恐れずトライアンドエラーをする経験をしてほしかった私は、実験の1週間前に、解明すべき2つの問いと、使える試薬・器具リストと、参考資料として3つの教科書から取ってきた手順書を生徒に提示しました。

「解明するのは別にこの2つの問いでなくてもいいよ、手順書の通りにやる必要はないよ、目的は実験を成功させることではなく、試行錯誤しながら自分の頭で考え、手を動かし、チームで協力することだよ、失敗しても問題ないよ」と伝えました。

さらに、ＴＰチャートで挙がった方針の「(生徒が) 自分で学ぶ」を意識して、使用する器具や材料に関する事前学習をしておくこと、実験計画書を作っておくことを勧めました (レポートと一緒に提出すれば、加点して評価すると伝えました)。また、同じく「方針」の一つである「皆で学ぶ」を意識して、実験後に提出してもらうレポートには「実験中に自分がグループに対して貢献できたこと」を書いてもらうことも事前に伝えました。

迎えた実験当日。驚いたことに予想以上に多くの生徒が事前学習や計画書を書いていました。チャイムが鳴って、私の話は安全のための必要最低限の注意事項くらいにして、早速グループごとに仮説の設定と検証するための実験プランの立案をしてもらいました。計画書を書いてきた生徒を中心に話し合う班、みんなで配布資料やインターネットを使って調べながら計画を作る班、といろいろでした。

共通していたのが、生徒たちが実にいい表情で取り組んでいたことでした。いざ準備に入ると「これって〇〇でいいですか？」と私に聞く生徒がいましたが、生徒と同じ土俵に立つためにあえて予備実験を

しなかった私はそのまま「ごめん、僕もやったことないからわかんない」と伝えると、生徒は「まじか……」と呆気にとられ、グループに戻って再び考えだしました。

　準備が終わって実験を開始する班が増えてくると、次々とあがる失敗の声。「せんせー、失敗しちゃった」の報告一つひとつを私は笑顔で受け入れました。そして繰り返し**「目的は実験を成功させることじゃないからね。実験に失敗はつきものです。うまくいったこともいかなかったことも、ともかく全部記録してね」**と伝えました。

　班ごとにいろんな挑戦をする生徒たちは、時間がない中でわちゃわちゃしながらも、グループ内でうまく分担して実験を進める姿が見られました。失敗も笑いに変えていました。生徒たちはこの半年間接してきた中で、最大級のいい表情をしていました。この生徒たちが、私が教員になっていの一番に授業をして、大反発した生徒たちだったことを思うと感慨深いものがありました（この実験中および実験準備には、理科実験助手の深江麻利子先生に多大なご協力をいただきました。この場を借りて御礼申し上げます）。

　提出されたレポートの「チームに貢献できたこと」には「事前学習をしていたので、どの操作を何のために行うか班で共有できた」「プランを考えるのは苦手だったので、その分実験操作を頑張った」「時間内に終わらせるために指示を出した」「対照実験を行うことを提案した」などの記述がありました。これまでは、他者と協働というよりも個で行動する印象が強い生徒たちだっただけに、この記述は素直に嬉しかったです。どの行動も「みんなで学ぶ」ための、優劣のない尊い貢献です。もっとこういう場を、授業の場でたくさん設けたいと強く思いました。

　ほとんどの班が実験で何かしらの「失敗」をした、私としては「大成功」の授業でした。

「変わり続ける教師」とともに
変わり続けるＴＰチャート

　「学び続ける教師」ということが文科省から言われていますが、こ
れからは教師に限らず誰もが生涯学び続ける世の中だと思います。そ
の中で、教師が学び続けるのはあたり前と言えるでしょう。

　それよりも大事なのは、**教師が「変わり続ける」こと**だと思います。
若い教師もベテランの教師も、自分が受けてきた教育を焼き直してい
たら、「時代遅れの」人間を量産することになるでしょう。教師の責
任とはそれほどまでに重いことを、全教員がいま一度認識する必要が
あると思います。

　ＴＰチャートでそのときどきの自分の頭の中を丸裸にして、何が課
題なのかを可視化することで、自分が変わるきっかけを自分で掴むこ
とができます。たとえば１年ごとに、あるいは学期の区切りごとに
ＴＰチャートを作ってみるのも、とてもいいと思います。私にとって
は、学期ごとに作ったＴＰチャートが、そのたびに大きく変わるきっ
かけを与えてくれました。

　まさにＴＰチャートは、変わり続ける教師自身のバイブルとなり、
羅針盤となると思います。

コラム

ティーチング・ポートフォリオとは？

　ここでは、ＴＰチャートが生まれたもととなっているティーチング・ポートフォリオ（ＴＰ）について少し解説しましょう。

ティーチング・ポートフォリオの起源

　大学では長らく、大学教員の業績を研究でしか評価しない文化がありました。そうした中、教員の教育の質をきちんと評価しようという意識が高まり、そこからティーチング・ポートフォリオ（ＴＰ）が生まれました。ＴＰとは、大学教員が、自身の教育活動についての振り返り（リフレクション）にもとづいて記述した７〜10ページ程度の本文と、その内容を裏付ける根拠資料から構成される文書です。1980年代にカナダで開発された「Teaching Dossier（ティーチング・ドシエ）」がその原型であり、現在は北米、ヨーロッパおよびオーストラリアなどにおいて広く利用されています。

ＴＰの価値

　ＴＰは、作成プロセスおよびできあがったプロダクトの両方に価値があります。作成プロセスにおいて作成者自身が活動を深く振り返り、教育の理念を見出し、その理念と実際の方針や方法との結びつきについて考察します。それが「自ら気付く改善」につながっていきます。一方、作成プロセスを経てできた「プロダクト」は、冒頭に書いたように教育活動について根拠を明らかにしながらまとめられた文書ですので、教育業績を質的に評価することのできる資料として活用できるのです。

　アメリカでは、主として後者の教育業績の評価資料として広く用いられて

います。一方、日本においては前者の教育改善の方法として認められつつあり、普及の途上にあります。

ＴＰ作成の方法

　ＴＰとＴＰチャートを比較したときに大きく異なるのが分量と振り返りの深さにあります。ＴＰの本文は７〜10ページとなり、ＴＰチャートの各要素およびそれらの関係性が文章の形で表現されます。この文章化自体が、特に、理念と方針・方法の結びつきについてＴＰチャートよりも深い振り返りを促します。このプロセスは１人ではなかなか難しいので、独力による作成よりもワークショップへの参加などによって、支援を受けながら作成することが推奨されています。日本における一般的なワークショップは２日半にわたるものが多く、ＴＰチャートはＴＰを作成する上での事前課題の一つに位置付けられています。

　ワークショップでは、メンターと呼ばれる作成支援者との１対１の対話の時間が毎日設けられ深いリフレクションを行い、ＴＰ草稿の版を重ねて完成を目指します。ワークショップ参加の最大のメリットはこのメンターのサポートが受けられる点とほかの参加者とともにＴＰ作成を支え合い、また、互いのＴＰを共有できる機会があることです。

ＴＰチャートからＴＰへ

　ＴＰの作成には２日半を要しますが、それでも、ＴＰチャートよりもより深い振り返りをすることができるため、作成する価値が高いものです。ＴＰチャートを作成して、教育理念についてより深く考えてみたいと思った方は、ＴＰ作成にぜひチャレンジしてみてください。

第5章

ＴＰチャートを使うと
研修・勉強会も
こんなに変わる！

これまでＴＰチャートの作成や見直しのしかた、そして、実際に作成された先生方の事例を紹介してきました。

この章では、自分で作成するだけでなく、周囲の先生を巻き込んだ勉強会あるいは自校の研修として実施する方法について紹介します。

自分でＴＰチャートを作成してみた次のステップとして、自分の学校でＴＰチャートを広げてみませんか？

研修・勉強会に TPチャートを活用する

TPチャートを活用した研修・勉強会のよさ

　これまで受けた研修・勉強会の多くは、「講師の話をただ聞くだけでつまらない」「方法の議論だけで違和感が残る」というものだったのではないでしょうか。しかし、TPチャートを使った研修・勉強会は違います。

　「誰かから何かを教えられる」ものではなく、「自らの中にある教育理念を見つけ出し、気付きを得る」ものなのです。

　なぜ理念を見つけることが大事なのでしょうか？　それは理念によって「よい方法」が異なるからです。

　たとえば、授業に話し合いの時間を入れたいと思っているとしましょう。このとき、ペアで話し合うか、3〜4人のグループで話し合うか、といった選択肢があります。もし「多様な考え方を知る」ことが大事と考えるならば、ペアよりもグループのほうが多様な意見を知る機会となるためよいでしょうし、「自分の意見を持つ」ことが大事でじっくりと話してほしいと思うならば、1人あたりの話せる時間が長くなるので、グループよりペアのほうがよいでしょう。

　このように理念によって「よい方法」は変わってきます。ペアがよいのか、グループがよいのかは理念や方針によって異なるわけです。

　そのため、まず一人ひとりが自分の理念を見出して、その理念を共有した上で、教育方法の議論をすることが大事なのです。

そして、複数の学校から参加者が集う研修・勉強会では、よりよい教育を目指す仲間、専門を超えた仲間とつながることができます！学校内で実施する場合でも、一緒に働く先生たちの考え方を知ることができ、方法の具体的な共有もスムーズになります。

研修・勉強会をつくるのはあなたです！

　ＴＰチャートを使った研修ではこれまでにも、自分の理念が見つかり、それが授業改善につながったという多くの事例が生まれています。さらに「自校でやりたい」などの問い合わせが相次いでおり、本書ではこのチャートを活用した研修・勉強会のやり方を紹介します。

　まず、よりよい研修・勉強会を実施するために事前にしておくとよいことを以下にまとめました。

【研修・勉強会を実施する前にしておくとよいこと】
- 　研修・勉強会で利用できる資料を手に入れる

　資料（ＴＰチャート、発表資料の電子ファイルなど）が本書編者：栗田のウェブサイト（https://kayokokurita.info）にあるので、是非それをご活用ください。うまく見つからないときは、「ＴＰチャート資料」などと検索してみてください。

- 　（できれば）研修・勉強会に参加しておく

　実際にＴＰチャートを作ったり、見直したり、チャートを活用した授業改善をしたりする研修・勉強会に参加することで、チャートの意義、作り方、活用方法などを体験しながら理解することができます。

　この本を参考にして、チャートの作成や見直しをすることもできますが、実際の流れを体験するほうが、実施する感覚をつかみやすいでしょう。

研修・勉強会の構成

　ＴＰチャートの作成や活用は、学校などで行う研修や、少人数の仲間で行う勉強会のトピックとしておすすめです。本章では、勉強会の流れを第１部、第２部、第３部に分けて紹介します。これを全てやる必要はなく、第１部のみでも十分効果的ですから、目的や使える時間に応じて参考にしてください。以下、各部について簡単に説明します。

【第１部　ＴＰチャートの作成】
　第１部では、ＴＰチャートを作成します。１人では作りにくくても、参加者で集まって、全員で段階的に作成する環境をつくることによって、チャートを容易かつ効果的に作ることができるようになります。

【第２部　ＴＰチャートの見直し】
　第２部では、ＴＰチャートの見直しをします。１回作ったとしても、理念が明確でなかったり、理念と方針・方法がつながっていなかったりします。そこで、第３章を参考にしながら、チャートを見直します。

【第３部　ＴＰチャートを活用した授業改善】
　第３部では、作成したＴＰチャートを用いて、グループで授業改善をします。理念を共有した上で、どのように授業を改善していけばよいかを話すため、意味のある議論になりやすいです。

研修・勉強会のスケジュール

　研修・勉強会は、さまざまな形式で実施することができます。
たとえば、1日のスケジュールとしては、以下のようになります。

　　10：00 - 12：00　第1部 TPチャートの作成
　　12：00 - 13：00　昼食
　　13：00 - 14：15　第2部 TPチャートの見直し
　　14：15 - 14：30　休憩
　　14：30 - 17：15　第3部 TPチャートを活用した授業改善

　ここでは、1日コースを示していますが、1日時間をとることが難しい場合もあります。そのような場合は、

- 第1部〜第3部をそれぞれ別日に実施する
- TPチャートを各自で作成してもらい第2部からを実施する
- 第3部を参考にオリジナルの研修・勉強会を実施する

など、状況に応じた形式で実施してもらっても構いません。

　基本的に理念を共有し、それをTPチャートを研修・勉強会で作成し、ほかの人と共有することで1人では気付けなかったことに気付くことができます。また互いの理念を共有し、尊重した上で、授業改善に関する議論を行うと方法だけに終始した議論にならず、理念に合っている方法なのか、という議論や自分の授業の俯瞰ができるようになります。

　そのような振り返りや議論を通して、自分らしい授業のあり方を見つけ、自分らしい授業を実施できるようになります。

第5章　TPチャートを使うと研修・勉強会もこんなに変わる！　107

☑ 第1部
TPチャートを作成する

　まずはTPチャートを作成することが重要です。そこで、ここではTPチャートを作成する第1部について説明します。

　第1部は、TPチャートの作成が目的になるため、個人作業が多くなりますが、個人作業だけでは、考えや振り返りが偏ることがあるため、作ったチャートをペアで共有するワークが入っています。

　第1部に関する基本情報は以下のとおりです。

【目的】　TPチャートの作成を通じて、教育実践を振り返り、理念と
　　　　 方針・方法を整理し、今後の教育改善のための指針を得る。
【時間】　2時間
【講師の準備物】　TPチャート（A3）・ふせん（本書32頁参照）・発表資
　　　　　　　　 料の印刷物 参加人数分、発表資料
【参加者の準備物】　筆記用具

第1部の流れ

　基本的には、第2章のTPチャート作成と同じ流れで進めます。その流れを右の表に載せました。ここで、各項目について、ワークの指示なども入ることから、第2章に載っている作成時間よりも1分ほど追加して、所要時間を見積もっています。では流れを説明します。

　まず、TPチャートや研修の流れに関する全体説明を行ってくださ

第1部「TPチャートの作成」の流れ（2時間）

経過時間	所要時間	内　容	形　態
0:00	5分	TPチャート・作成方法の説明	全体説明
0:05	2分	「基本情報」の作成	個人作業
0:07	3分	「作成の目的」の作成	
0:10	6分	「教育の責任（教育活動）」の作成	
0:16	3分	「改善・努力」の作成	
0:19	4分	「成果・評価」の作成	
0:23	10分	自己紹介とチャートの共有（1人4分）	ペアワーク
0:33	8分	「方法」の作成	個人作業
0:41	8分	「方針」の作成	
0:49	8分	「理念」の作成	
0:57	4分	「理念に関する個人エピソード」の作成	
1:01	6分	「理念」「方針・方法」の対応づけ	
1:07	10分	対応づけの共有と対話（1人4分）	ペアワーク
1:17	3分	共有の気付きをもとに修正	個人作業
1:20	4分	「エビデンス」の作成	
1:24	8分	「エビデンス」の共有	ペアワーク
1:32	6分	「目標」の作成	個人作業
1:38	3分	「作成の感想」の作成	
1:41	10分	「目標」「感想」の共有（1人4分）	ペアワーク
1:51	9分	作成の感想や気付きを共有	全体ワーク

＊ 経過時間は、第1部の始めから経った時間を表し、所要時間はその内容にかける時間を表しています。所要時間に関しては、TPチャートの各項目を作成する時間に加えて、講師が説明する時間も含まれているため、第2章の表よりも時間が長くなっています。

第5章　TPチャートを使うと研修・勉強会もこんなに変わる！　109

い。ここで、ＴＰチャートを作成する意義や注意点も共有します。

　それが終わったら、ＴＰチャートの作成に入っていきます。まずは、参加者に「作成の目的」「教育の責任 (教育活動)」「改善・努力」「成果・評価」を作成してもらいましょう。そして、作成したところまでをペアで共有してもらいましょう (1 人 4 分)。

　次に、「方法」「方針」「理念」「理念に関する個人エピソード」を作成してもらい、第 2 章であったように、「理念」と「方針」「方法」の対応づけに注意して、その関係を見直してもらいましょう。そして、その対応づけをペアで確認してもらいましょう。その後、その共有の気付きをもとに修正する時間を設けましょう。

　最後に、「目標」「作成の感想」を作成してもらい、その内容をペアで共有してもらいましょう。そして、その内容を全体で共有して、第 1 部はおしまいです。

実施するときの注意点

【時間を区切ってとにかく進める】

　全体的に、作成時間を短く設定しています。そのため、もっと時間をかけたくなると思いますが、とにかく時間を区切って一通り作成することを目標としましょう。

　1 つの項目にすごく時間をかけたとしても、チャートを一通り作ってみると、その項目に書いた内容が大きく変わることはよくあります。

　そのため、短いと感じるかもしれませんが、講師であるあなたが明確に時間を区切り、参加者が一通りチャートを作成できるように促すことが重要です。

　ここで、なぜそのように時間を区切るのか、といった理由や、第 2 部も実施できる場合は第 2 部にて見直す時間があることを冒頭や途中で適宜伝えると、参加者は安心してチャートを作成できるようになります。

【時間が足りなくなったら適切なところで時間を短縮する】

　時間を区切って進めていても、質問への対応などで時間通りにいかない場合もあります。そういった場合は、以下のところで時間を短縮することで、時間の調整をしてみましょう。

- 「エビデンス」の共有のペアワーク
- 「目標」「感想」の共有のペアワーク
- 作成の感想や気付きの共有の全体ワーク

　これらのワークはあるとよりよいですが、ほかに比べると相対的に優先度は低くなります。そのため、これらのところで時間を短縮することで、時間を調整しましょう。

【安心・安全な場をつくる】

　ペアワークにおいて、相手にチャートの内容を説明したり、相手から質問されることを通して、1人では得られにくい新たな気付きが生まれます。

　ここで重要なのは、この研修・勉強会が「安心・安全な場」であることを感じてもらえるような環境づくりであり、たとえば、以下のような共通ルールを設けておくとよいでしょう。

- お互いの理念を見出すことを最優先する
  （教育の方法論に終始してしまう議論をしない）
- お互いの理念を尊重し、否定しない
- 問いかけは建設的に行い、気付きを促すことを心がける

　第1部では、参加者がそもそも教育において何を大切にしているのか、といった理念を見出すことが最も重要です。

　そのため、まずはお互いの理念を尊重し、対話によって気付きが促される「安心・安全な場」をつくりましょう。

第2部 TPチャートを見直す

　ＴＰチャートをいったん作成したとしても、まだ理念が理念ではなかったり、理念と方針・方法が結びついていないことがあります。そこで、第2部では、第3章の質問を活用してＴＰチャートを見直していきます。
　個人で見直すだけでなく、対話を通してペアでも見直していきます。なぜペアで見直すかというと、対話を通して行うと、1人で行ったときには得られなかった新たな視点やアイデアに触れることができ、さらに考えを深めていくことができるからです。
　第2部に関する基本情報は以下の通りです。

【目的】　理念と方針・方法に関する対話を通じて、新たな気付きを得て、理念と方針・方法の対応づけを深める。
【時間】　1時間15分
【講師の準備物】　発表資料の印刷物 参加人数分、発表資料
【参加者の準備物】　作成されたＴＰチャート、筆記用具

　流れとしては、右の表のように、まず、第2部の目的や流れを全体で説明します。次に、第3章の質問を用いて、理念のチェックおよび理念と方針のチェックを個人およびペアで行います。
　以下、詳しい流れを説明していきます。

第 2 部 「ＴＰチャートの見直し」の流れ (1 時間 15 分)

経過時間	所要時間	内　容		形　態
0:00	5 分	第 2 部の目的と流れの説明		全体説明
0:05	5 分	理念のチェック	チェック方法の説明	全体説明
0:10	5 分		自分でチェック	個人作業
0:15	10 分		1 人目のチェック	ペアワーク
0:25	10 分		2 人目のチェック	
0:35	5 分		疑問・コメントの共有	全体共有
0:40	35 分	理念と方針のチェック	上記と同様	上記と同様

「全体説明」にて見直すための質問を紹介する

　まず、第 2 部の目的と流れを説明します。第 2 部では、ＴＰチャートの見直しをするため、どのように見直すかも併せて説明します。

　見直す具体的な方法としては、第 3 章で紹介したＴＰチャートを見直すための質問を参考にします (本書 62 頁参照)。つまり、次の質問を活用することによって、ＴＰチャートを見直していきます。

【理念のチェック】
質問 1. 「なぜその要素が大事なのだろうか？」
質問 2. 「自分にとって○○とは何だろうか？」
　　　　(○○は「幸せ」「楽しい」「おもしろい」など)
質問 3. 「○○と△△にはどのような関係があるだろうか？」
　　　　(○○と△△は「理念」の要素)

第5章　ＴＰチャートを使うと研修・勉強会もこんなに変わる！　113

【理念と方針のチェック】

質問 4.「その方針・方法で理念が実現できるだろうか？」
質問 5.「その方針は理念とどう関係しているだろうか？」

　以上の質問を使って、チャートを見直していきますが、これらの質問をただ紹介したとしても実際の活用まではつながりません。そこで、活用を促すワークを実施します。

「理念のチェック」にて理念を中心に振り返る

　ここでは、理念のチェックに関する質問1〜3を活用してチャートを見直してもらいます。

　まずは、質問1〜3の意図や使い方を、イメージしやすいように第3章の具体例を交えて説明します。

　次に、参加者に自分のチャートの「理念」に対して、質問1〜3を用いて自分で理念を見直してもらいます。

　そして、そのあとはペアになって、お互いのチャートを共有しながら、1人ずつチャートの「理念」の見直しをしていきます。具体的には、まず、ペアの片方（1人目）が、相手（2人目）に、自分のチャートの「理念」について説明をします。そして、相手（2人目）の人が、質問1〜3を活用して1人目の振り返りを促します。その時間が終わったら、1人目と2人目の役割を入れ替えて、同じことをします。

　最後に、疑問や感想を全体で共有して、質問1〜3の使い方や理念のチェック方法について理解を深めます。

　疑問に対する適切な受け答えが参加者の理解を促進するため、講師はQ&Aの内容などを参考にして、参加者からの質問に答えられるようにしておくとよいでしょう。また、答えがわからない質問が来た場合は、Facebookグループ「ティーチング・ポートフォリオ（ＴＰ）」などで情報共有していただければ幸いです。

「理念と方針のチェック」にて理念と方針をより対応づける

　ここでは、理念と方針のチェックに関する質問 4 〜 5 を活用してチャートを見直してもらいます。流れは「理念のチェック」と同様のもので進めていきます。

「ピアレビュー」を実施する時の注意点

　第 2 部では、ピアレビューでお互いのチャートを共有して、理念や方針・方法について質問していきます。そのような対話においては、第 1 部にも出てきた安心・安全な場づくりが特に重要になってきます。

- ● 　お互いの理念を見つけることを最優先する
- ● 　お互いの理念を尊重し、否定しない

　ＴＰチャートを見直す目的は、まず、参加者の**理念を見つけること**、そして、**理念と方針・方法を対応づけること**です。

　よりよい方法を議論するペアが出てくるかもしれませんが、少し抑えて、まずは、理念を見つけるよう促しましょう。

　そして、理念が明確になってきたら、方針・方法との対応づけに関する質問もしてみるよう促しましょう。

　ここで、**対話は決して指導ではない**ことを説明する必要があります。もし、理念に対して、よりよい方法があったと思ったとしても、「この方法がよいんじゃない？」という指導的な提案ではなく、「その理念であればこの方法も使えると思ったんですけど、どう思います？」と聞いてみてもらえるよう、全体で説明してください。

　このように安心・安全な場で対話してもらうことで、新たな気付きが出てきて、より深い振り返りができるようになります。

第5章　ＴＰチャートを使うと研修・勉強会もこんなに変わる！　115

第3部
TPチャートを授業改善につなげる

　第1部でチャートを作成し、第2部で見直しもできました。そこで、第3部では、いよいよ具体的な授業改善につなげていきます。
　チャートを用いた授業改善では、まず理念と方針・方法を共有した上で、どのように現在もしくはこれから行う授業を改善できるかを話していきます。理念を尊重した上での対話になるため、単なる方法論のぶつかり合いになることを防ぐこともできますし、お互いの考えを理解した上で授業を改善していくことができます。
　第3部に関する基本情報は以下の通りです。

【目的】　実際の授業等の場面などの、より具体的な方法と理念の対応
　　　　づけを明らかにし、対話を通じて授業改善を図る。
【時間】　2時間45分
【講師の準備物】　なし
【参加者の準備物】　作成されたTPチャート、授業案、筆記用具

　流れとしては、右の表にあるように、まず、第3部の目的や流れを全体で説明した後、グループ分けをします。そして、1人の持ち時間を決めて、チャートと授業案の共有を行い、それに関する検討をグループで行います。時間がある場合は、その対話を振り返り、各自授業案の修正を行います。そして、さらにもう一度対話による授業案の検討を行い、最後に感想や疑問を共有します。

第3部「TPチャートを授業改善につなげる」の流れ (2時間45分)

経過時間	所要時間	内容	形態
0:00	5分	第3部の目的と流れの説明	全体説明
0:05	5分	グループ分け	全体ワーク
0:10	60分	対話による授業案の検討 (1人15分)	グループワーク
1:10	30分	対話の振り返りと授業案の修正 & 休憩	個人作業
1:40	60分	対話による授業案の検討 (1人15分)	グループワーク
2:40	5分	感想や疑問を全体共有	全体ワーク

　以下、研修・勉強会に参加する際の事前準備、グループ分け、対話による授業案の検討について、注意点も併せてそれぞれ説明します。

よりよい研修・勉強会にするための事前準備をしてもらう

　参加者には対話を充実させるために、授業案や「現状の課題」「これからやりたいこと」などの資料を持参してもらいましょう。

　たとえば、「レポート課題やプレゼンテーション課題の評価についてうまくいっていない」というような場合には、現在どのような課題を与えていて、それに対してどのような評価を行っているのかがわかる資料を持ってきてもらうとよいでしょう。

　また、「これから生徒の相互評価に取り組んでみたいのだけれど、どのように始めたらよいか」というような場合には、何らかのアイデアがあればそれに関する資料を持ってきてもらうとよいですし、それがない場合には、「このことについて対話したい」というポイントを明確にしておいてもらうだけでもよいでしょう。

　このように準備をしておくと、TPチャートを使って理念や方針・

方法を共有したあとに、具体的な実践の改善につながる議論をスムーズに行うことができるようになります。

グループ分けの方法

授業案の改善は4人程度のグループワークで進行するとよいでしょう。個人作業やペアワークに比べて、さまざまな話題やアイデアが共有され、改善のヒントが得やすくなるためです。

グループ分けをする際、一番わかりやすいのは、専門教科で分ける方法です。この方法だと、教科の内容についてある程度暗黙の了解で進められます。しかし、あえて専門教科の異なる方と対話することによって、暗黙の了解に頼らない丁寧な説明が意識できたり、異なる視点で新鮮な気付きを得られたりするということもあります。

教科の専門性によらず、対話したい内容でグループ分けをすることも有効です。進め方として、参加者が議論したい内容を提案し、そこに人が集まって議論するということもできます。たとえば、「レポート課題やプレゼンテーション課題の評価」というようなテーマを複数提案してもらい、それを聞いた上で参加者それぞれが興味のあるテーマのところに移動するという流れです。

> **グループ分けの考え方**
> - 教科の専門性で分ける
>   → 内容について深いところまで対話できる
> - 異なる教科の人とグループをつくる
>   → 丁寧な説明が意識されるとともに新鮮な気付きが得られる
> - 教科に関わらず「共通の話題」で分ける
>   → 特定の話題についての議論が深めることができる

対話による授業案の検討

　グループワークは、必ず理念・方針の共有から始めます。作成した
ＴＰチャートを使って、まずはお互いがどのような理念を持っている
かを共有し、それを互いに尊重しながら対話することが大切です。

　対話の中で他者の意見に違和感を持つこともあるかもしれません。
そのときには、必ず理念に立ち返るようにしましょう。お互いが大切
にしているものが違えば、意見が違うのは当然です。

　理念そのものはもちろん尊重しますが、もし議論されている方針・
方法などの内容が理念と一致しないようなことがあれば、それは積極
的に指摘し合えるような環境をつくりましょう。

　ＴＰチャートを活用した研修・勉強会の最大の意義は、「互いの理
念を共有し尊重し合える」ことなので、ここは常に意識しましょう。

個人作業とさらなる対話による授業案の検討

　短時間で実施したい場合には、1回の検討のみで終了することもで
きますが、可能であればそのあとに個人作業の時間を設けましょう。
1回目の検討でさまざまな気付きを得た直後に個人作業を入れること
で、すぐに具体的な改善に結びつけながら考えを整理できます。

　また、さらに時間があればグループにおける2回目の検討を行い
ましょう。個人作業での授業案改善がどこまでうまくいっているかに
ついて対話することで、よりよい改善策が見つかったり、残された課
題を整理したりできます。また、他者の授業改善の具体的な例を知る
ことができるので、お互いによい刺激を受けることができます。

　時間的な余裕があれば、各グループの対話の中で特に全体に共有し
ておきたい内容を全体の場で発表してもらうとよいでしょう。それも
さまざまな気付きにつながります。

第5章　ＴＰチャートを使うと研修・勉強会もこんなに変わる！　119

> コラム

学習指導要領と
ＴＰチャート

アクティブ・ラーニングの方法選びに悩んでいませんか？

　2017年3月に新学習指導要領が告示されるまでの過程でアクティブ・ラーニングが推奨され、多くの学校現場で生徒による主体的・対話的な学びが取り入れられるようになりました。従来までの教員による講義形式の授業ではなく、生徒たちが互いに学び合いながら主体的に課題を解決するような協働的な学習をベースとする授業実践が全国に広まっています。

　一方、実際に取り組んでいる先生たちも含め、ともすると本質的な議論よりも、「話し合いの方法をどうするか」や「グループによる課題解決法はどれを選べばいいか」など、どうやってアクティブ・ラーニングの授業を行えばいいのかという「方法選び」に関する議論が目立つようになっているのも事実です。

　急に学習指導要領が変わって戸惑う先生たちも多いと思いますが、ここで一度、ＴＰチャートに基づき、学習指導要領の「理念」「方針」「方法」を整理して考えてみましょう。

教育の「理念」「方針」「方法」―新学習指導要領から考える

　学習指導要領は、教育基本法にある教育の目的を実現させるためのものであり、新学習指導要領では、日本がこれまで経験したことのないAI化、超高齢化社会、グローバル化などへ対応する資質・能力の「三つの柱」の育成を求めています。

　1　何を理解しているか、何ができるか（生きて働く「知識・技能」の習得）
　2　理解していること・できることをどう使うか（未知の状況にも対応で

きる「思考力・判断力・表現力等」の育成)

3 どのように社会・世界と関わり、よりよい人生を送るか(学びを人生や社会に生かそうとする「学びに向かう力・人間性等」の涵養)

この「三つの柱」を実現するために、今回の学習指導要領では「主体的・対話的で深い学び(アクティブ・ラーニング)」の視点で学びの在り方を改善していくよう提言しています。

つまり、教育基本法第1条(教育の目的)が「理念」であり、それを達成するための「方針」が学習指導要領の「三つの柱」であり、その方針を具体化した実現の方法が、「主体的・対話的で深い学び(アクティブ・ラーニング)」なのだ、と言えるのです。

新学習指導要領の構造

理　念	「人格の完成を目指し、平和で民主的な国家及び社会の形成者として必要な資質を備えた心身ともに健康な国民の育成を期して行われなければならない」(教育基本法第1条〔教育の目的〕)
方　針	1 生きて働く「知識・技能」の習得 2 未知の状況にも対応できる「思考力・判断力・表現力等」の育成 3 学びを人生や社会に生かそうとする「学びに向かう力・人間性等」の涵養
方　法	1 「主体的な学び」…学ぶことに興味や関心を持ち、自己のキャリア形成の方向性と関連付けながら、見通しを持って粘り強く取り組み、自己の学習活動を振り返って次につなげる。 2 「対話的な学び」…子ども同士の協働、教職員や地域の人との対話、先哲の考え方を手掛かりに考えること等を通じ、自己の考えを広げ深める。 3 「深い学び」… 習得・活用・探究という学びの過程の中で、各教科等の特質に応じた「見方・考え方」を働かせながら、知識を相互に関連付けてより深く理解したり、情報を精査して考えを形成したり、問題を見出して解決策を考えたり、思いや考えを基に創造したりすること。

(「幼稚園、小学校、中学校、高等学校及び特別支援学校の学習指導要領等の改善及び必要な方策等について(答申)(中教審第197号)」2016年12月21日資料2－4)に基づき筆者が作成したもの)

第5章 ＴＰチャートを使うと研修・勉強会もこんなに変わる！ 121

学習指導要領改訂のポイント

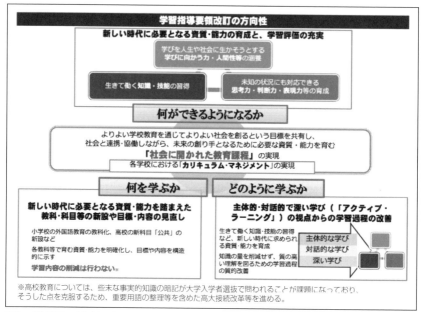

出典：「幼稚園、小学校、中学校、高等学校及び特別支援学校の学習指導要領等の改善及び必要な方策等について（答申）（中教審第197号）」2016年12月21日資料2－4

　アクティブ・ラーニングの視点による実践は、「主体的・対話的だったか」「深い学びが生じていたか」をゴールにするのではなく、その取り組みが「三つの柱」（「方針」）に基づいているのか、そして最終的に教育基本法第1条にある「人格の形成」にむけた営みであるかどうかを検討していくことが、真の「理念」の達成につながっていくように思われます。

　こうして見ると、いま現場の教員が「方法」と思って議論している多くのことは、もっと細かい「手段」の話であって、些末な「手段」にとらわれすぎないほうがよいことも見えてきます。

　そして教育基本法の「理念」、学習指導要領の「方針」「方法」を踏まえた上で、私たち教員一人ひとりが、借り物ではない自分の言葉による「理念」を持ち、それを各現場で実現していくことが、いま教員に求められていることなのではないでしょうか。

第6章

こんなことに
困ったら？
ＴＰチャートＱ＆Ａ

ここまで、ＴＰチャートの実践例から作成、見直し方、
研修・勉強会のしかたを紹介してきました。

ここでは、実際に「ＴＰチャートを作成してみたい！」「Ｔ
Ｐチャートを活用した研修・勉強会をしてみたい！」とい
うときに、よくある疑問について取りあげています。
「あれ？」と思うことがあったら、この章を読んでみてく
ださい。

TPチャートについて

Q　TPチャートを作る時期はいつがよいですか？

　基本的にいつでも作成することができます。

　1年のうちでということであれば、夏休みや年末、年度末など、学期の区切りで作成すると総合的な振り返りができます。また、学期の途中だと、ＴＰチャート作成によって得られた気付きをもとに、即座に授業を改善できます。

　また、教員としてのキャリア上のいつがよいか？　ということであれば、そのキャリア途上のどの段階にも作成の意義があります。

　新任の時期であれば、教育経験は少ないものの教育理念を明らかにすることでこの先の授業計画を立てることができます。

　着任の数年後も、教育活動についてとにかく必死になってきた時期を脱し、見直す時期として好適でしょう。

　中堅であれば、これまでの経験を振り返り、その先の方針をあらためて定めることができます。

　退任間近ということであれば、自身の教育を振り返り、言語化されていない優れた授業技術や理念を目に見える形で後輩に伝えられるという意義があります。

　また、昇進などで職位が変化したり、異動で所属が変わったときなども、自分の理念や方針・方法を確認するよいタイミングです。

Q 授業がうまくいっている人でもTPチャートを作る意味は あるのでしょうか?

あります。その「うまくいっている状態」を「理念を実現している方針・方法」という形で可視化し、なぜうまくいっているかが明確になれば、より納得感を持って授業を行うことができます。さらには、よりよい新たな方法を思いつくことが容易になり、授業改善を進めやすくなります。仮に今後、行き詰まることがあったとしても、理念が可視化されているため、問題点を見つけやすくなるでしょう。

また、うまくいっている人のTPチャートは「優れた授業の共有」という点で意義があります。その人の頭の中にある理念が目に見える形で方法とつながって共有されるため、周囲の人は「よい授業」を単なる表面的な方法だけではなく、その背後にある方針や理念とともに深く理解することができます。

Q ほかの授業改善の方法と比べてメリット・デメリットは何ですか?

TPチャートは、教育活動全体を俯瞰的に振り返り理念を明確にします。そして、この理念にひも付いているかという観点から、授業方法を見直すことで、授業改善を行います。

このことからメリットとして、場あたり的な方法の適用などを避け、目的を持って方法を選択できます。また、自分の理念にひも付いた方法を選び取るため「主体的に」授業改善を行うことができます。

一方、TPチャートの作成は授業改善の具体的な方法を示すことを目的としていません。したがって、デメリットとして、TPチャート作成によって「作成者の知らない知識」がおのずと得られることはありません。ただし、自分の理念の実現に合った教育方法は、他者とのTPチャートの共有によって学べる可能性があります。

Q　ＴＰチャートの更新はどのような頻度・方法で行えばいいですか？

　ＴＰチャートは完成がゴールではありません。ＴＰチャートの更新を、自分の教育活動を振り返り、改善する契機として活用しましょう。

　基本的には、「設定した短期目標を評価できるタイミングで」更新を行うとよいでしょう。たとえば１年ごとが目安になります。

　しかし、前の質問とも関連しますが、職位の変更や異動などによって教育の責任が変わると、方法が大きく変わる可能性があるため、理念や方針、方法の対応について確認したり、変更するために、このタイミングでＴＰチャートの更新をするとよいでしょう。

　また、更新の方法として、一人でも行うことは可能ですが、やはり他者とともに行うとよいでしょう。ほかの先生と変更点を共有することで互いに学べることが多くありますし、校内で同僚と更新をすればコミュニケーションが円滑になる効果もあります。

　そして、一般的に、目の前の仕事に比べれば、改善はついつい後回しになりがちですから、ほかの先生を巻き込むことは更新の実現に役立つことでしょう。

Q　ＴＰチャートはほかの分野でも活用できますか？

　対象とする活動によりますが活用可能です。

　ＴＰチャートは教育活動について、各行動を行っている理由を考えることで、背後にある方針や理念に気付き、それらによって一貫性を持って教育をとらえる枠組みです。たとえば、「子育て」にこの枠組を取り入れてみましょう。日頃の子どもへの接し方から、「こう育ってほしい」「こういう親でありたい」という理念を見出し、そこから逆に方法を見直すことで、よりよい子育てにつなげることなどが可能でしょう。

　ある活動の理念を明確にすることが、その活動の意義の問い直しになり、それが改善につながるのです。

ＴＰチャートの作り方について

Q　なぜ理念から考えないのですか？

　普段から自分の教育理念を持って活動している人もいらっしゃいますが、自分の教育理念を聞かれて即座に答えられる人は多くはないでしょう。このような人にＴＰチャート作成において理念から考えてもらうと教育活動の根本にある本来の理念ではなく、単なる学校の教育理念の引き写しなどいわゆる「借り物」が出てきやすいのです。

　そこで、自分が行っている具体的な教育活動をもとに、なぜその方法や方針を用いているのか？　と、具体的な事例から「なぜ？」を繰り返していくと、自分の活動や考えに合った理念になりやすいのです。

　そのため、理念からではなく具体的な教育活動から理念を抽出する流れになっています。

Q　理念の抽象化はどのぐらいすればよいでしょうか？

　まずは、具体的な教育活動から、ひたすら「なぜ」を繰り返して、これ以上理由が思いつかないところまでいけば、それが理念に近いことが多いと言えるでしょう。

　ここで、注意が必要なのは、「生徒には幸せになってほしい」と抽象化しすぎている場合です。このような理念もよいのですが、多くの人が生徒の幸せを願っているため、その人らしさのない一般的すぎる理念と言えます。

そこで、自分の考える「生徒の幸せ」は何か？　というように、少し具体化してみることで、自分らしい理念を見出します。

まとめると、とにかく「なぜ」を繰り返してみて、これ以上理由が見つからない段階までいったら理念に近く、あまりにも抽象的であれば、少し具体化してみると、ちょうどよい「自分ならではの」理念が見つかるはずです。

Q　理念と方針の区別がつかない場合はどうすればよいですか？

その記述の背後になぜ大切なのか、という理由がありそうならば、その記述は「方針」である可能性が高いです。そして、その理由が「理念」である可能性が高いです。

一方、その記述の背後になぜ大切なのか、という理由がなさそうならば、その記述は「理念」である可能性が高いです。

また、方針は行動の指針であるため、その記述と方法がすぐにつながるならば、その記述は「方針」である可能性が高いです。

上記の観点で、理念か方針か区別がつかない記述を見分けてみましょう。

自分ではわからないこともあるため、他者に聞いて、区別してもらうのも有効な手段の一つです。

Q　うまく作れたかどうかについては、どのように評価すればよいでしょうか？

ＴＰチャートにおいて理念・方針・方法が相互に一貫性を持ってつながっており、自分の教育活動がＴＰチャートによって明瞭に説明できれば、「うまく作れた」と言えるでしょう。ほかの確認したらよい点は第3章を参照してください。

ただし、ＴＰチャートは「作ったら終わり」というものではありません。自分でＴＰチャートがうまく説明できなかったときは、更新していけばよいのです。

ワークショップの実施・運営について

Q TPチャートの共有においてフィードバックをし合う際に気を付けることはありますか？ 校内で実施する場合、指導する・されるの関係になりやすいと思うのですが、そうならないようにするにはどうすればよいでしょうか？

　TPチャートの作成における重要な目的は、みなさん自身の理念を見出すことであり、チャートの共有の時間も、方法の是非を議論して指導したりされたりする時間ではありません。まずは、理念を明らかにすることに集中しましょう。方法の改善に関する議論を行いたい場合には、共有とは別にその時間を設けるとよいでしょう。

　共有においては、基本的に聴き手は全てを受け入れるようにしましょう。相手の言うことに熱心に耳を傾け、まずは否定せずに受け入れます。こうした姿勢が、話し手が安心して対話できる環境をつくります。この安心・安全な場ができることで、本人の振り返りを促すことができます。

　たとえば、相手の方法に関して、よりよい方法があったとしても、まずは指摘しないで、なぜその方法を用いているのか？　というように、理念を抽出するお手伝いに徹するようにしましょう。

　まずは相手の理念を見出すことを第一目的とし、方法の改善、つまり指導をしたくなった場合は、別途その時間を設けます。こうすることで安心・安全な振り返りの場を提供でき、結果的には自分自身の気付きが授業改善にもつながるでしょう。

Q　自己開示を避ける人に取り組んでもらうコツはありますか？

　まず、ＴＰチャートを作成する意義を明確に伝えましょう。たとえば意義として、自分の教育活動が整理されることや教育改善につながることなどが挙げられます。

　また、話しても否定されない安心・安全な場をつくり出し、そのような場であることを伝えることが重要です。最初に簡単なアイスブレイクを入れることも検討しましょう。あらかじめ、自己開示を避ける人であるとわかっている場合には、気を許せそうな人と組んでもらうなどの配慮も考えられます。

　それでも自己開示を避ける場合は、取り組んでもらわないことも検討しましょう。ＴＰチャートは本人のためになることを目的として作成するものですので、本人のためにならない場合は、作成しないという判断もときには必要となるでしょう。

Q　ワークショップに適した人数はありますか？

　基本的にはありません。数名を対象に実施することもできますし、100名以上を対象に実施することもできます。それは、基本的にペアワークで進むためで、大人数であってもペアはつくれるからです。

　人数が多くなればなるほど、ペアの数が増え、全てのペアが問題なく進んでいるかチェックしづらくなるため、講師がチェックできるペアの数に合わせて、人数を制限することは重要なポイントです。

　また、参加者数が奇数の場合、ペアワークのときには講師が入って対応します。

> 　ＴＰチャートのワークシートは A3（220％）に拡大してお使いください。下記の URL からもダウンロードできます。
> https://kayokokurita.info

ＴＰチャート 220％に拡大してお使いください

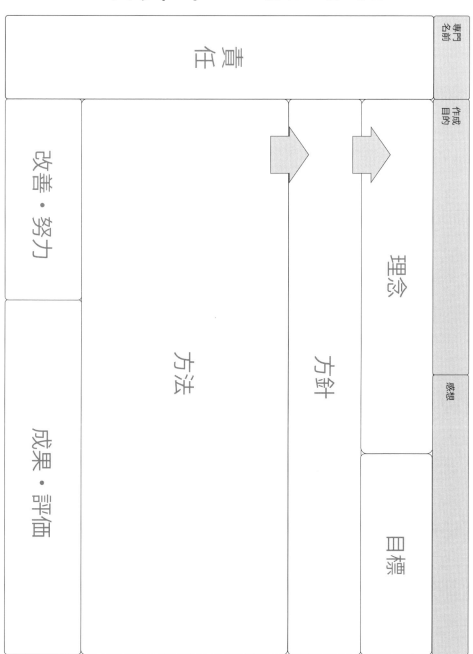

参考情報

「ＴＰチャート作成のその先」におすすめの書籍を紹介します。

【ティーチング・ポートフォリオやアカデミック・ポートフォリオなどポートフォリオ関連の書籍】
　ＴＰなど、さらにしっかりと振り返りをする方法に興味を持たれた方におすすめします。

大阪府立大学高専ティーチング・ポートフォリオ研究会編（2011）『実践 ティーチング・ポートフォリオ スターターブック～実質的な教育改善活動を目指して～』NTS出版
ティーチング・ポートフォリオの作成方法やワークショップの実施方法などについて説明されています。

ピーター・セルディン（著）、大学評価・学位授与機構（監訳）、栗田佳代子（訳）（2007）『大学教育を変える教育業績記録　ティーチング・ポートフォリオ作成の手引』玉川大学出版部
大学教員の教育活動についてふりかえるティーチング・ポートフォリオについての翻訳書です。

ピーター・セルディン、J. エリザベス・ミラー（著）、大学評価・学位授与機構（監訳）、栗田佳代子（訳）（2009）『アカデミック・ポートフォリオ』玉川大学出版部
大学教員の教育活動だけでなく、研究、社会貢献、管理運営活動についても統合的に振り返るアカデミック・ポートフォリオについての翻訳書です。

【よい授業づくりに向けたヒントに関する書籍】
　よい授業づくりに重要な考え方や具体的な方法を学べる本を紹介します。ここで紹介する書籍は大学教育を想定したものです。しかし、「よ

い授業をつくる」という点において垣根はないと考え、初等中等教育の
先生方にも参考になるものとしておすすめしてします。

スーザン A. アンブローズ、マイケル W. ブリッジズ、ミケーレ ディピ
エトロ、マーシャ C. ラベット、マリー K. ノーマン (著)、栗田佳代子 (訳)
(2014)『大学における「学びの場」づくり　よりよいティーチングのた
めの7つの原理』玉川大学出版部
モチベーションや知識の体系化、フィードバックの重要性などよい授業
に重要な7点について、豊富な研究結果で裏付けながら丁寧にわかりや
すく解説した本です。実践にすぐに役立つ具体的な方法も数多く示され
ています。

栗田佳代子、日本教育研究イノベーションセンター (編) (2017)
『インタラクティブ・ティーチング―アクティブ・ラーニングを促す授
業づくり―』河合出版
授業づくりに関するオンライン講座が書籍になりました。アクティブ・
ラーニングの手法や評価、立ち居振る舞いなど一通りをオンラインで見
られる動画コンテンツと併用して学べます。

エリザベス＝バークレイ、パトリシア＝クロス、クレア＝メジャー (著)、安
永悟 (監訳) (2009)『協同学習の技法　大学教育の手引き』ナカニシヤ出版
生徒の協同学習を促す多くの手法を具体的に解説した翻訳書です。アク
ティブ・ラーニングの方法について辞書的に使える本です。

【ポートフォリオ関連のウェブサイト】
https://kayokokurita.info
本書編者の栗田のウェブサイトです。ＴＰチャートに関する最新資料や
ワークショップ開催情報などを発信しています。

http://www.teaching-portfolio-net.jp
ティーチング・ポートフォリオについての総合的なウェブサイトです。

https://www.facebook.com/groups/TP2007/
facebook の「ティーチング・ポートフォリオ (ＴＰ)」というグループです。
ＴＰチャートなどの情報交換を行っています。

あとがきにかえて
～ＴＰチャートがこれからの教育を変える～

　なぜ、これからの教育においてＴＰチャートが重要な役割を果たすのか。きっと、この本を手にした多くのみなさんは、その答えをすでに見つけていることだろう。

　いま、教育の質的な転換が起きようとしている。多くの教員のみなさんが、なぜ自分は教育活動に関わっているのか、何を教えたいのかを、いま一度問い直す必要性をひしひしと感じていることだろう。

　技術の進歩が教育を変える。学習教材がアダプティブになり、わからないところを繰り返し習う。「個別化」がいままで以上に進むだろう。このとき、授業の進度はどうなるか。ウェブの機械翻訳は進化を続けて、一層、熟れた訳を提供し始めるだろう。生徒たちの英語の学び方にも大きな変化が起きる。また、自動翻訳機ができたときに果たしてしっかりと翻訳してくれるだろうか。英語は論理的であり主語が明確である。日本語は情緒的で同じ言葉でも状況に応じて伝えたいことが異なる。さらに主語を略しやすいことも日本語の特徴だ。だから英語に翻訳されやすい日本語を話す訓練をすることになるだろう。

　これまでのように、知識をたくさん蓄えたり指示通りに処理したりすることを求める受動的な学習を続けてもコンピューターには勝てない。だからこそ、いま、能動的な学習が求められるのだ。

　こうした状況下で教員は何を担うのか。今後、人工知能が発達したときに教員の役割はどうあるべきか。いま、これまで抱えたことがない悩みがまとわりつく。果たして、児童生徒と明るい未来を共有できるだろうか。

　ところで、私は、東京都立国立高校の大野智久先生が始めた「授業実践協同改善の会（以下、J2K2）」にオブザーバーとして参加したときに、ＴＰチャートに出会った。この研究会に、東京大学の栗田佳代子准教授と吉田塁特任助教がアドバイザーとして参加されていた。

J2K2は文字通り、授業を改善したいと考える中学、高校の教員が8名集まり、日頃の授業実践を仲間とともに、自らの固定観念に閉じこもらず、お互いの教育活動を振り返りながら、自分が目指す授業を追究しようとするものだ。個々の教員には教育の理念があり、それを大切にしているが、実際の授業ではどうなのかといった論点にこの研究会の議論はたどり着いた。そこで、ＴＰチャートをやってみることになった。以降のJ2K2はこのチャートを軸に授業改善を図ることになった。参加者の中には、ＴＰを3日間かけて作り上げることにチャレンジした教員も現れた。彼らは、その後、メンターとして各地でＴＰチャートの勉強会を自主的に開いている。

　私は、3か月にわたり、この研究会の様子を観察してきたが、教員がなぜ教えているのか、何を求めているのかを、自分の奥深いところから汲み出して言語化する作業はとてもつらく大変なことだと理解した。ＴＰチャートを手順に合わせて作り上げることはそんなに難しくはない。できあがったチャートを対話して見直すこともそうだ。しかし、理念と方針・方法の関係を具体的に自分の授業にあてはめて考えたときに、意外や意外、齟齬はあるわ、具現化していないわで、思うように授業に反映されていないことがわかる。そこからが大変なのだ。

　この半年間、各所で行われたＴＰチャートの勉強会に何度か顔を出したが、それぞれの勉強会では時間が短かったこともあり、J2K2のような掘り下げは、いずれもまだまだだったように思う。ＴＰチャートは、日頃の教育活動を言語化、可視化するが、さらに多面的に省察することで大きな価値を持ち、授業改善を促すものになる。

　教員にとって「未踏の時代」だからこそ、このＴＰチャートをきっかけに、教員同士がお互いの違いを認め合い、それぞれの理念を大切にして、教育活動を充実させることを願ってやまない。

教育ジャーナリスト
後藤　健夫

●編著者紹介

栗田 佳代子 (くりた かよこ)

東京大学大学総合教育研究センター准教授。1970年三重県生まれ、東京大学教育学部卒業。同大学院教育学研究科博士課程単位取得退学。博士 (教育学)。大学評価・学位授与機構准教授などを経て現職。「東京大学フューチャーファカルティプログラム」など大学教員の教育力向上を目的としたプログラムや研修の開発実施、大学教員に限らず「教える」を学びたい人を対象としたオンライン講座「インタラクティブ・ティーチング」の提供および、ティーチング・ポートフォリオの普及支援などを行う。共著に『インタラクティブ・ティーチング』(河合出版) などがある。第1章 (共著)、第1章コラム、第2章 (共著)、第2章コラム、第4章コラム、第6章 (共著) を担当。

吉田 塁 (よしだ るい)

東京大学教養学部特任助教。1987年東京都生まれ、東京大学工学部卒業。同大学院新領域創成科学研究科博士課程修了。博士 (科学)。東京大学大学総合教育研究センター特任研究員を経て現職。ティーチング・ポートフォリオ、大学教員を対象としたアカデミック・ポートフォリオ、アクティブ・ラーニングなどをテーマに教育改善を促進する活動・研究に従事。それらに関する、教職員を対象にした研修や講演を全国で実施。共著に『博士になったらどう生きる? ─78名が語るキャリアパス』(勉誠出版) などがある。第2章 (共著)、第3章、第3章コラム、第5章 (共著)、第6章 (共著) を担当。

大野 智久 (おおの ともひさ)

東京都立高校教諭 (理科)。1981年茨城県生まれ、東京大学教養学部卒業。同大学院総合文化研究科修士課程修了。在学中は松田良一氏に師事。その後、東京都立高校教諭として勤務。東京都生物教育研究会、日本生物教育会、日本生物教育学会に所属。「誰もが生きやすい社会」の実現のための公教育の在り方について、さまざまな授業実践を通じて試行錯誤を続けている。現在は、ティーチング・ポートフォリオ・チャートや自己調整学習に関心を持ち、それらに関連する活動を行う。共著に『すぐ実践できる! アクティブ・ラーニング高校理科』(学陽書房) などがある。第1章 (共著)、第5章 (共著) を担当。

●著者紹介 (50 音順)

井上 太智 (いのうえ たいち)

東京都公立中学校教諭 (理科)。1985 年東京都生まれ、東京学芸大学教育学部卒業。F 類自然環境科学科物理科学分野を専攻。学習者の「問い」を出発点とし、探究的な理科の授業を展開。第 1 章 (共著)、第 4 章 (共著) を担当。

沖 奈保子 (おき なほこ)

東京都立高校教諭 (国語)、武蔵大学非常勤講師。1973 年千葉県生まれ、明治大学大学院文学研究科 (日本文学) 修了。日本女子大学大学院博士後期課程単位取得退学。日本古典文学の探究的に学ぶ単元学習を展開。共著に『すぐ実践できる! アクティブ・ラーニング高校国語』(学陽書房) などがある。第 1 章 (共著)、第 4 章 (共著)、第 5 章コラムを担当。

川崎 知子 (かわさき ともこ)

イエナラボ代表。1982 年東京都生まれ、東京学芸大学教育学部卒業。江東区立北砂小学校教諭を経て現職。2009 年より『学び合い』を実践。2017 年 9 月より、夫と 2 人の息子とともにオランダに移住し、長男をイエナプラン校に通わせながら、研究を続けている。第 1 章 (共著) を担当。

後藤 健夫 (ごとう たけお)

教育ジャーナリスト、大学コンサルタント。1961 年愛知県生まれ、南山大学経済学部卒業。予備校職員を経て早稲田大学法科大学院設立に参画。その後、大学広報課長などを経て現職。『セオリー・オブ・ナレッジ―世界が認めた「知の理論」』(ピアソンジャパン) を企画・構成・編集。「あとがきにかえて」を担当。

中澤 啓一 (なかざわ けいいち)

私立中学校高等学校非常勤講師 (理科)。1988 年長野県生まれ、首都大学東京大学院理工学研究科修士課程修了。同大学院博士課程単位取得退学。2017 年から、「疑問を持ち考えること」「生物のおもしろさをシェアすること」「みんなで学ぶこと」に重きを置いて、「みんなでつくる学びの場」を目指し授業を行っている。東京都生物教育研究会に所属。第 1 章 (共著)、第 4 章 (共著) を担当。

教師のための
「なりたい教師」になれる本！
ＴＰチャートでクラスも授業改善もうまくいく！

2018年2月23日　初版発行

編　著─────栗田佳代子・吉田塁・大野智久

発行者─────佐久間重嘉

発行所─────学　陽　書　房

　　　　　　　〒102-0072　東京都千代田区飯田橋1-9-3

営業部─────TEL　03-3261-1111　FAX　03-5211-3300

編集部─────TEL　03-3261-1112

　　　　　　　振替　00170-4-84240

　　　　　　　http://www.gakuyo.co.jp/

ブックデザイン／スタジオダンク

ＤＴＰ制作／ニシ工芸　　イラスト／おしろゆうこ

印刷・製本／三省堂印刷

ⒸKayoko Kurita, Lui Yoshida, Tomohisa Ohno 2018, Printed in Japan.

ISBN 978-4-313-65342-9 C0037

※乱丁・落丁本は、送料小社負担にてお取替え致します。

＊本書で掲載しているＴＰチャートは栗田佳代子が開発したもので、著作権は栗田佳代子に帰属します。
　校内研修等では基本的に自由にご活用いただきたいと思っていますが、普及の実態を把握したいので、
　https://kayokokurita.info/にある「お知らせフォーム」にてご連絡いただけると大変ありがたいです。

JCOPY 〈出版者著作権管理機構　委託出版物〉

本書の無断複製は著作権法上での例外を除き禁じられています。本書131頁を除き、複製される場合は
そのつど事前に出版者著作権管理機構（電話03-3513-6969、FAX 03-3513-6979、e-mail: info@jcopy.or.jp）
の許諾を得てください。

アクティブ・ラーニングの評価に悩むあなたに！

A5判・並製・176ページ　　定価＝本体 2,000 円＋税

●新学習指導要領に対応した学習評価がよくわかる！
　アクティブ・ラーニングの授業における自己評価や相互評価、教科別評価などの情報が満載！
　さらに、定期考査の改善方法や学力調査の活用方法などさまざまなシーンにも対応。

高校のアクティブ・ラーニングの授業の実際がわかる！

すぐ実践できる！
アクティブ・ラーニング　高校国語

西川　純 [シリーズ編集]　今井清光・沖奈保子 [著]

A5判・並製・124ページ　定価＝本体 2,000 円＋税　　ISBN978-4-313-65305-4

すぐ実践できる！
アクティブ・ラーニング　高校数学

西川　純 [シリーズ編集]　土屋美浩・水野鉄也 [著]

A5判・並製・136ページ　定価＝本体 2,000 円＋税　　ISBN978-4-313-65316-0

すぐ実践できる！
アクティブ・ラーニング　高校理科

西川　純 [シリーズ編集]　大野智久・菊池篤 [著]

A5判・並製・160ページ　定価＝本体 2,000 円＋税　　ISBN978-4-313-65310-8

すぐ実践できる！
アクティブ・ラーニング　高校地歴公民

西川　純 [シリーズ編集]　後呂健太郎・神谷一彦・関谷明典・棟安信博 [著]

A5判・並製・140ページ　定価＝本体 1,900 円＋税　　ISBN978-4-313-65313-9

すぐ実践できる！
アクティブ・ラーニング　高校英語

西川　純 [シリーズ編集]　江村直人・新名主敏史 [著]

A5判・並製・152ページ　定価＝本体 2,000 円＋税　　ISBN978-4-313-65311-5

中学のアクティブ・ラーニングの授業の実際がわかる！

すぐ実践できる！
アクティブ・ラーニング　中学国語

西川 純［シリーズ編集］ 菊池真樹子・原 徳兆［著］

A5判・並製・132ページ　定価＝本体 2,000 円＋税　　ISBN978-4-313-65320-7

すぐ実践できる！
アクティブ・ラーニング　中学数学

西川 純［シリーズ編集］ かわのとしお・髙瀬浩之［著］

A5判・並製・156ページ　定価＝本体 1,900 円＋税　　ISBN978-4-313-65317-7

すぐ実践できる！
アクティブ・ラーニング　中学理科

西川 純［シリーズ編集］ 坂田康亮・阪本龍馬・高見聡・對比地覚［著］

A5判・並製・148ページ　定価＝本体 1,900 円＋税　　ISBN978-4-313-65315-3

すぐ実践できる！
アクティブ・ラーニング　中学社会

西川 純［シリーズ編集］ 朝比奈雅人・後藤武志［著］

A5判・並製・148ページ　定価＝本体 1,900 円＋税　　ISBN978-4-313-65314-6

すぐ実践できる！
アクティブ・ラーニング　中学英語

西川 純［シリーズ編集］ 伊藤大輔・木花一則・進藤豪人・細山美栄子［著］

A5判・並製・132ページ　定価＝本体 2,000 円＋税　　ISBN978-4-313-65319-1

アクティブラーニングを
クラスにスムーズに導入するために！

A5判・並製・136ページ　　定価＝本体1,800円＋税

●はじめてでもうまくいく、アクティブラーニングの授業づくりがわかる本！
導入のテクニック、生徒の活動を活発にする働きかけ、成績を定着させる振り返りのさせ方まで、アクティブラーニング型授業のノウハウのすべてをわかりやすく公開！

アクティブ・ラーニングを行うとき必須の英語フレーズが１冊に！

A5判・並製・164ページ　　定価＝本体 1,900 円＋税

●この１冊で楽しく、生徒がぐんぐん能動的に動く、アクティブな英語授業が、All English でできる！
生徒をアクティブにする一言や、生徒同士のやりとりに必須のフレーズ、言い方を迷う英文フレーズが全部スッキリわかる１冊！

生徒がみるみる英語を話す
授業をつくる１冊！

A5判・並製・128ページ　　定価＝本体 1,900 円＋税

●カリスマ人気講師の安河内哲也氏も絶賛！
　英語のアクティブ・ラーニングの授業づくりの方法、生徒が自ら学ぶようにするノウハウが、この１冊でわかる！
　授業準備から、生徒を本当に自立させていく方法まで、すべてを紹介！